# HUISGEMAAKTE RECEPTEN VOOR HET BROUWEN VAN BIER

100 EENVOUDIGE RECEPTEN OM DE KUNST VAN
HET THUIS BROUWEN ONDER DE KNIE TE KRIJGEN
EN ZEER MEESTER-BROUWERS TE WORDEN

Pleun de Groot

# INHOUDSOPGAVE

# INVOERING

Dus je hebt besloten om je bier thuis te maken. Gefeliciteerd! Je staat op het punt een wonderbaarlijke en lonende taak op zich te nemen die bijna zo oud is als de mensheid zelf. Maar er is geen reden om je te laten intimideren. Hoewel mensen al millennia bier brouwen, is het basisproces door de eeuwen heen vrijwel hetzelfde gebleven. In dit e-book worden enkele van de eenvoudigste bieren besproken om thuis uit te proberen.

Drink je graag bier? Zou je willen dat je het zelf kon maken? Heb je er ooit aan gedacht om thuis je eigen bier te maken? Nou, wees niet bang! Dit boek is gemaakt om je te helpen. In dit boek krijg je een lijst met benodigde ingrediënten, samen met stapsgewijze instructies om van die ingrediënten een zelfgemaakt bier te maken dat zeker indruk zal maken!

Dit boek is gemaakt in een poging om iedereen te helpen die wenst dat ze hun liefde voor bier konden gebruiken en hun eigen liefde konden creëren. In dit boek vindt u de meest elementaire ingrediënten en instructies die nodig zijn om uw zelfgemaakte bierbrouwproces op gang te brengen. Je leert over de geschiedenis van het brouwen en wat het precies is.

Je leert hoe je je homebrew op de juiste manier kunt brouwen waar je maar wilt en in elk gewenst bedrag. Je zult niet alleen genieten van je eigen zelfgemaakte bier, maar dit boek bevat ook een paar recepten om je te helpen en je brouwkennis te vergroten!

Voor je eerste paar biertjes is het verstandig om te beginnen met een kit: de blikken of pakjes dikke, plakkerige siroop die je met water mengt en in een emmer laat fermenteren. Voel je vrij om er meteen in te springen en de extra spullen te kopen die je nodig hebt om een batch helemaal opnieuw te maken, maar er zijn een paar redenen om de eerste paar batches zo eenvoudig mogelijk te houden.

# BIEREN

# 1. Little Ghost-seizoen

Partijgrootte: 5,5 gallon (21 liter)

## INGREDIËNTEN

## MOUT/GRANEN REKENING

- 7 lb. (3,2 kg) Belgisch pils
- 1 lb. (454 g) havervlokken
- 8 Oz. (227 g) Carapils
- 4 Oz. (113 g) aromatische mout

## HOP EN TOEVOEGINGEN

- 1,5 lb. (680 g) lichtbruine suiker na 90 minuten
- 1,5 oz. (43 g) Hallertauer Traditie [AA 6%] op 60 minuten
- 1 ons. (28 g) Stiermarkse Goldings [2,6% AA] na 20 minuten

## gist

- East Coast Gist Farmhouse Blend Isolaat ECY03-B

## ROUTEBESCHRIJVING

a) Maal de granen en pureer gedurende 60 minuten bij 150 ° F (66 ° C). Vorlauf totdat de stromen helder zijn, ren dan weg in de ketel.

b) Spoel de korrels door en vul indien nodig bij om 28 liter wort te verkrijgen - of meer, afhankelijk van uw verdampingssnelheid.

c) Kook gedurende 90 minuten volgens het schema voor hop en toevoegingen.

d) Koel het wort na het koken af tot ongeveer 17°C, belucht het wort en voeg de gist toe. Houd 2-3 dagen op 63-64 ° F (17-18 ° C) en laat de temperatuur vervolgens stijgen tot 70-80 ° F (21-27 ° C) zoals getemperd door een waterbad.

e) Laat volledig fermenteren alvorens te verpakken.

## 2. Wit konijn bruin bier

# INGREDIËNTEN

## Mout/Graan Bill

- 9 pond (4,1 kg) Maris Otter

- 8 Oz. (227 g) Britse medium kristalmout (65L)

- 8 Oz. (227 g) Caramunich

- 12 oz. (340 g) Chocolademout

## Hop schema

- 1 ons. (28 g) Hallertau [4% AA] na 60 minuten

- 0,5 oz. (14 g) Liberty [5% AA] na 10 minuten

- 0,5 oz. (14 g) Kristal [5% AA] na 10 minuten

- 0,5 oz. (14 g) Vrijheid bij dryhop

- 0,5 oz. (14 g) Kristal bij dryhop

## Gist

- Wyeast 1318 London Ale III


## ROUTEBESCHRIJVING

a) Maal de granen en meng met 12,7 l (3,36 gallon) 73°C (163°F) stakingswater om een maischtemperatuur van 152°F (67°C) te bereiken. Houd deze temperatuur 60 minuten vast.

14

Vorlauf totdat je stromen helder zijn, ren dan weg in de ketel.

b) Spoel de korrels met 14,7 l (3,9 gallon) en vul zo nodig bij om 6 gallon (23 l) wort te verkrijgen. Kook gedurende 60 minuten volgens het hopschema.

c) Koel het wort na het koken af tot iets onder de fermentatietemperatuur, ongeveer 17°C.

d) Belucht het wort met zuivere zuurstof of gefilterde lucht en pek de gist.

e) Fermenteer gedurende 7 dagen bij 65°F (18°C) en laat de temperatuur vervolgens stijgen tot 68°F (20°C).

f) Laat het bier vallen tot 2 °C, voeg de droge hop toe en bottel of vat het bier na 5 dagen en laat het tot ongeveer 2 volumes carboneren.

## 3. Lambiek

# INGREDIËNTEN

## graan rekening

- Pilsner Mout, Belgisch 50% - 2.5kg/5½lb

- Tarwe, ongemoute 50% - 2,5 kg/5½lb

## Hop

- Gerijpte (bruine, zongedroogde) hop

- Eerste worthop - 100g/3½oz

## Gist

- Elke Belgische Saccharomyces-soort of lambiekmelange, met het bezinksel van minstens drie flessen van je favoriete lambiek

## ROUTEBESCHRIJVING

a) Bereid je gekozen gisten en bezinksel voor. U hoeft zich hier geen zorgen te maken over pitching-tarieven. Reinig en bereid uw brouwapparatuur voor.

b) Breng 23 liter/liter water tot 53°C (127°F). Dit wordt het begin van je afkookselpuree

c) Pureer. Handhaaf een maischtemperatuur van 50°C (122°F) gedurende 30 minuten. Dit is je eiwitrust.

d) Schep 4 liter/liter van het dikste deel van je puree in een grote pan. Breng dit aan de kook, voeg het dan weer toe aan je puree en roer om te combineren. Houd uw maischtemperatuur gedurende 30 minuten op 60°C (140°F).

e) Schep nog eens 4 liter/liter van het dikste deel van je puree eruit en kook dit. Voeg het weer toe om gedurende 30 minuten een temperatuur van 70°C (158°F) te handhaven.

f) Pureer – verhoog uw graantemperatuur tot 75 °C (167 °F). Je kunt dit doen door afkooksel als je wilt.

g) Spoel door met 4 liter/liter water van 75°C (167°F) om uw voorkookvolume van niet meer dan 23 liter/liter te bereiken.

h) Voeg je eerste wort Hop toe en kook je wort gedurende 90 minuten.

i) Koel je wort tot 18°C (64°F). Meet uw oorspronkelijke zwaartekracht en drank terug met sanitair water om uw beoogde OG te bereiken.

j) Breng je wort over naar een schone en hygiënische vergister. Dit is nog steeds belangrijk, omdat we geen infectie met acetobacter willen. Belucht je wort en pek je gist en bezinksel.

k) Fermenteer in primaire fermentor bij 18-20 ° C (64-68 ° F) gedurende 2 maanden tot 1 jaar, of totdat je bier super funky ruikt en lekker zuur smaakt.

l)  Desgewenst kunt u uw lambiek naar smaak mengen of in een secundaire vergister bewaren met 200-300g 97-10½oz) van het door u gekozen fruit per liter/kwart.

m)  Fles afhankelijk van stijl. Ik zou gaan voor een hoog koolzuurgehalte voor fruit of gemengde lambiek - 140g/5oz witte tafelsuiker om ongeveer 3 volumes $CO_2$ te bereiken.

## 4. Brett boerderij

# INGREDIËNTEN

## graan rekening

- Bleke mout, Belgisch 70% – 3,5 kg/7¾lb

- Tarwemout, Belgisch 30% – 1.5kg/3¼lb

## Hop

- Stiermarkse Goldings (5,4% AA)

- Eerste worthop – 30g/1oz

- Stiermarkse Goldings (5,4% AA)

- Kook 15 minuten – 20g/¾oz

## Gist

- Minstens één saisongist en één Brettanomyces-stam. WLP670 American Farmhouse blend is goed en de Yeast Bay saison/Brett blend is werkelijk uitstekend.


# ROUTEBESCHRIJVING

a) Bereid de door u gekozen gisten voor. U hoeft zich hier niet echt zorgen te maken over de pitching-tarieven. Reinig en bereid uw brouwapparatuur voor.

b) Breng 23 liter/liter water tot 69°C (156°F).

c) Instampen. Handhaaf een temperatuur van de puree van 64,5 °C (148 °F) gedurende 90 minuten.

d) Pureer - verhoog uw graantemperatuur tot 75 °C (167 °F). Je kunt dit doen door middel van een afkooksel, als je wilt.

e) Spoel door met 4 liter/liter water van 75°C (167°F) om uw voorkookvolume van niet meer dan 23 liter/liter te bereiken.

f) Voeg je eerste wort Hop toe en kook je wort gedurende 90 minuten.

g) Koel je wort tot 18°C (64°F). Meet uw oorspronkelijke zwaartekracht en drank terug met sanitair water om uw beoogde OG te bereiken.

h) Breng je wort over naar een schone en hygiënische vergister. Dit is nog steeds belangrijk, omdat we dit bier niet specifiek willen besmetten met andere organismen.

i) Belucht je wort en pek je gist en bezinksel.

j) Fermentatie in primaire vergister bij 18-20 °C (64-68 °F) gedurende minimaal 1-2 maanden.

k) Fles met 140g/5oz witte tafelsuiker om ongeveer 3 volumes $CO_2$ te bereiken. Gebruik geen dunne flessen

## 5. Een monnik genaamd bretto

# INGREDIËNTEN

## graan rekening

- Bleke mout, Belgisch 65,2% – 3kg/6½lb

- München Malt 17,4% – 800g/1¾lb

- Caramunich Malt 8,7% – 400g/14oz

- Suiker, basterd 8,7% – 400g/14oz

## Hop

- Hallertauer Mittelfrüh (4% AA)

- Eerste worthop – 40g/1½oz

- Stiermarkse Goldings (5,4% AA)

- Kook 15 minuten – 30g/1oz

- Stiermarkse Goldings (5,4% AA)

- Droge hop – 30g/1oz

## Gist

- Eén Belgische Abdijgist, idealiter Orval-gist (WLP510).

- Eén Brettanomyces-stam, idealiter gekweekt uit een Orval-fles.

# ROUTEBESCHRIJVING

a) Bereid de door u gekozen gisten voor. Je moet op de juiste manier pitchen. Reinig en bereid uw brouwapparatuur voor.

b) Breng 23 liter/liter water tot 70°C (158°F).

c) Instampen. Handhaaf een temperatuur van de puree van 65°C (149°F) gedurende 60 minuten.

d) Pureer – verhoog uw graantemperatuur tot 75 °C (167 °F). Je kunt dit doen met behulp van een afkookselmethode, als je wilt.

e) Spoel door met 4 liter/liter water van 75°C (167°F) om uw voorkookvolume van niet meer dan 24 liter/liter te bereiken.

f) Voeg je eerste wort Hop toe en kook je wort gedurende 90 minuten.

g) Koel je wort tot 18°C (64°F). Meet uw oorspronkelijke zwaartekracht en drank terug met sanitair water om uw beoogde OG te bereiken.

h) Fermentatie in primaire fermentor bij 18-20 ° C (64-68 ° F) gedurende ten minste 2 weken.

i) Breng je bier over naar de secundaire vergister en laat je gist en trub achter. Voeg je Brettanomyces en je droge hop toe en laat 2 maanden intrekken. Fles met 150g/5$\frac{1}{4}$oz witte tafelsuiker om meer dan 3 volumes CO2 te bereiken.

# 6. Funky sessie zuur

# INGREDIËNTEN

## GRAAN BILL

- Bleke mout, Maris Otter 68,6% – 2,4 kg/5¼lb

- Haver, gerold 31,4% – 800g/1¾lb

## HOPS

- East Kent Goldings (5,5% AA)

- Eerste worthop – 30g/1oz

- East Kent Goldings (5,5% AA)

- Kook 15 minuten – 25g/7/8oz

## GIST

- Een blend van Brett-saison, plus droesem

## ROUTEBESCHRIJVING

a) Bereid je gekozen gisten en bezinksel voor. U hoeft zich hier geen zorgen te maken over de pitching-tarieven. Reinig en bereid uw brouwapparatuur voor.

b) Breng 23 liter/liter water tot 69°C (156°F).

c) Instampen. Handhaaf een temperatuur van de puree van 64,5 °C (148 °F) gedurende 90 minuten.

d) Pureer – verhoog uw graantemperatuur tot 75 °C (167 °F). Je kunt dit doen door middel van een afkooksel, als je wilt.

e) Spoel door met 4 liter/liter water van 75°C (167°F) om uw voorkookvolume van niet meer dan 23 liter/liter te bereiken.

f) Voeg je eerste wort Hop toe en kook je wort gedurende 90 minuten.

g) Koel je wort tot 18°C (64°F). Meet uw oorspronkelijke zwaartekracht en drank terug met sanitair water om uw beoogde OG te bereiken.

h) Breng je wort over naar een schone en hygiënische vergister. Dit is nog steeds belangrijk, omdat we dit bier niet specifiek willen besmetten met acetobacter. Belucht je wort en pek je gist en bezinksel.

i) Fermenteer in primaire vergister bij 18-20°C (64-68°F) gedurende minimaal 2-3 maanden, of totdat je bier lekker funky ruikt en erg zuur smaakt. Het moet een goede pellicle (Brett-korst) bovenop hebben.

j) Fles met 140g/5oz witte tafelsuiker om ongeveer 3 volumes $CO_2$ te bereiken. Gebruik geen dunne flessen.

## 7. AW wortelbier

Opbrengst: 5 kopjes

## INGREDIËNTEN:

- $\frac{3}{4}$ kopje kristalsuiker

- $\frac{3}{4}$ kopje heet water

- 1 liter koud Seltzer-water

- $\frac{1}{2}$ theelepel Plus

- 1/8 t wortelbierconcentraat

## ROUTEBESCHRIJVING:

a) Los de suiker op in het hete water.

b) Voeg het wortelbierconcentraat toe en laat afkoelen.

c) Combineer het wortelbiermengsel met het koude seltzerwater, drink onmiddellijk op of bewaar in de koelkast in een goed afgedekte container.

# 8. Overnachting wortelbier

Opbrengst: 1 portie

## INGREDIËNTEN:

- 2½ kopje suiker

- 3 eetlepels Wortelbierextract

- 1 eetlepel droge gist

- Lauwwarm water

## ROUTEBESCHRIJVING:

a) Combineer suiker, wortelbierextract en gist in een literkan met een goed sluitend deksel. Voeg voldoende lauw water toe om de gallonkan te vullen.

b) Goed mengen. Laat 6 uur staan bij kamertemperatuur. Zet een nacht in de koelkast of tot het volledig is afgekoeld.

# 9. Lacto-gefermenteerd wortelbier

## INGREDIËNTEN:

- 2-1 / 2 liter gefilterd water

- 1/2 kop gedroogde, gehakte sarsaparillawortel

- 1/4 kop gedroogde, gehakte sassafraswortel

- 1-1/4 tot 1-1 / 2 kopjes ongeraffineerde hele rietsuiker

- 3/4 kop whey

- 3 quart-size swing-top flessen, grondig schoongemaakt


## ROUTEBESCHRIJVING:

a) Doe de wortels en de suiker in een grote pan. Voeg 3 liter gefilterd water toe. Breng op hoog vuur aan de kook, zet het vuur dan laag en laat 20 minuten sudderen. Haal van het vuur, dek af en laat 30 minuten staan.

b) Zeef de wortels van de vloeistof door een fijnmazige zeef in een trechter te plaatsen die in de hals van de beugelfles past. Vul flessen, laat genoeg hoofdruimte over voor 1/4 kopje wei of startercultuur en houd nog een centimeter of zo over.

c) Wanneer het wortelbier is afgekoeld tot bijna kamertemperatuur (of ongeveer 80° tot 85°F), voeg dan de wei toe. Plaats de dop er stevig op en schud voorzichtig om te mengen. Laat de dop erop zitten, bewaar bij kamertemperatuur gedurende 2 tot 4 dagen, controleer na 2 dagen op carbonatatie.

d) Zet in de koelkast als het brouwsel bruisend genoeg is naar jouw smaak. Niet voor langere tijd bij kamertemperatuur bewaren, aangezien er altijd een (externe) mogelijkheid is dat de fles kan ontploffen als er binnenin voldoende druk wordt opgebouwd.

e) Als je brouwsel niet bruisend wordt, kun je er toch van genieten door het toe te voegen aan een glas mineraalwater of waterkefir.

## 10. Zure Kers en Chocolade Ale

## INGREDIËNTEN:

- 2,5 lb. (1,1 kg) Pilsnermout (1,6°L)

- 10 lb. (4,5 kg) Münchenmout (8°L)

- 340 g donkere kristalmout (80°L)

- 1 lb. (454 g) melanoïdin mout (33°L)

- 227 g röstmalzmout (470°L)

- 0,7 oz. (18 g) Northern Brewer-korrels, 8% aa (60 min.)

- 0,5 oz. (14 g) Northern Brewer-korrels, 8% aa (30 min.)

- 5-10 lb. eerder bevroren zure kersen

- 0,5-1,0 lb. geroosterde cacaonibs, licht geplet

- European Ale Yeast (Belgisch of pils ook mogelijk)

## ROUTEBESCHRIJVING:

a) Pureer 1 uur bij 152 ° F (67 ° C). Na de primaire gisting, rooster tot secundair en voeg bevroren zure kersen en cacaonibs toe.

b) Laat het bier minstens twee weken op het fruit en de cacaonibs zitten - een maand of twee is beter.

c) Rek naar een tertiaire mandfles en laat bezinken voor het bottelen of fust.

## 11.  Bessen en sparrenbier

# INGREDIËNTEN

- 1 gallon water

- 1 gallon plastic zak vol sparren ledematen

- 1 kopje donkere ahornsiroop

- 1/4 ounce hop (zoals Willamette en Centennial)

- 1 pakje biergist

- 6 rozijnen

- 5 pimentbessen, gebarsten

- 1 theelepel gemalen gember (optioneel)

## ROUTEBESCHRIJVING:

a)  Kook water, hop en kruiden in een grote pan gedurende 20 minuten. Voeg de vuren takken toe en kook nog 10 minuten. Zeef het mengsel door een gaaszak (als je die hebt) of een metalen zeef. Laat de vloeistof staan totdat deze warm is.

b)  Ontsmet een gallon glazen kan (bekend als een vergister). U kunt dit doen met een ontsmettingsmiddel dat u niet hoeft te spoelen, dat u vindt in brouwerijen. Giet de warme sparrenvloeistof in de kan; als u een trechter gebruikt, zorg er dan voor dat u deze ook ontsmet. Voeg de gist en de suiker toe.

c) Kurk de kan met een ontsmette rubberen stop en een waterslot. Bewaar op een koele, donkere plaats en laat het 2 tot 4 dagen fermenteren, of totdat het stopt met borrelen.

d) Ontsmet je flessen door ze 30 minuten te koken en ze vervolgens ondersteboven af te laten koelen. Doe drie rozijnen op de bodem van elke fles en vul met de vloeistof.

e) Laat nog twee dagen staan en koel dan af.

f) Vergeet dat en je zou zomaar een trieste, azijnachtige ondergang kunnen tegemoet gaan, in plaats van brandnetelbiergeluk.

## 12.    Watermeloen Bier

Portie: 1 portie

## INGREDIËNTEN

- 3/4 kop in blokjes gesneden watermeloen

- 1/2-ounce vanillesiroop

- 6 ons witbier

## ROUTEBESCHRIJVING:

a) Meng de watermeloen in een mengglas om het sap eruit te halen.

b) Zeef de stukjes fruit en eventuele zaden, zodat alleen het sap overblijft.

c) Schenk de vanillesiroop in een frosty pintglas en vul voor de helft met watermeloensap.

d) Top met het bier. Serveer en geniet.

## 13. Eenvoudig perenbier

Opbrengst: 5 gallon (19 L)

## INGREDIËNTEN:

- 5 gal (19 L) perensap zonder bewaarmiddelen indien mogelijk
- 0,5 theelepel (2,37 g) druiventannine
- 2,5 theelepel (11,86 g) pectine-enzym
- 2,5 theelepel (11,86 g) gistvoeding
- biergist of Lalvin 1118 gist
- Rietsuiker (al dan niet nodig)
- Wijnsteenzuur (al dan niet nodig)

## ROUTEBESCHRIJVING:

a) Gebruik je hydrometer als richtlijn en voeg rietsuiker toe aan het perensap om het op minimaal 1.050 te brengen.

b) Controleer het zuurniveau met een titratiekit. Als het zuur minder is dan 0,6%, voeg dan wijnsteenzuur toe om 0,6% te bereiken. Vermijd rekken om malolactische activiteit aan te moedigen.

c) Laat perenwijn indien mogelijk in de winter rusten om malolactische activiteit aan te moedigen die de smaak verzacht.

d) Houd de mandfles bijgevuld om de vorming van azijn te voorkomen.

e) Fles na opruimen.

## 14. Koriander en sinaasappelbier

MAAKT 8 FLESSEN

INGREDIËNTEN:

## DE WORT BEREIDEN

- 20 kopjes (5 liter) gefilterd water

- 2/3 kop (135 g) gemalen tarwemoutkorrels

- 2/3 kop (90 g) gemalen CaraAmber-moutkorrels

- 3 kopjes (500 g) bleek moutextract

- $\frac{1}{4}$ kopje (35 g) Simcoe-hoppellets

## KOELING

- 1 zak (6 lb./2,7 kg) ijsblokjes

- De gist pitchen

- 6 g (ongeveer $\frac{1}{2}$ van een pakje van 11,5 g) Lallemand Belle Saison-gist

- Aromaten toevoegen

- 8 gedroogde bittere sinaasappelschillen

- 1 kop (35 g) korianderstengels en -blaadjes, gehakt

## BOTTELEN

- ½ kopje (125 ml) water

- 2 ½ eetlepel dextrose

- 8 bruine glazen flessen (16 oz./500 ml elk) met scharnierende deksels


ROUTEBESCHRIJVING:

DE WORT BEREIDEN

a) Verwarm in een grote pot van 20 kopjes (5 liter) 8 kopjes (2 liter) water tot het 68 °C heeft bereikt. Haal van het vuur. Voeg beide soorten gemalen moutkorrels toe en dek af. Wikkel de pot in een theedoek om in de hitte te blijven. Laat 15 minuten zitten.

b) Haak een fijne zeef aan de rand van een 32-kops (8 liter) pot en giet langzaam het water- en moutmengsel door de zeef. Was de eerste pot uit om eventuele resten te verwijderen. Plaats de zeef met de gemalen mout op de schoongemaakte pot en giet de vloeistof over de korrels. Herhaal dit proces vier keer en filter de vloeistof over de korrels van de ene pot in de andere schoongemaakte pot. Werk af door de vloeistof in de grootste van de twee potten te filteren.

c) Voeg het resterende water (12 kopjes/3 liter) toe aan de vloeistof in de pot. Voeg het moutextract toe en klop tot het volledig is opgelost. Aan de kook brengen. Zet het vuur lager en laat 25 minuten sudderen. Voeg geleidelijk de hop toe zonder de vloeistof te laten overkoken. Laat 5 minuten sudderen.

## KOELING

d) Blokkeer de afvoer van uw gootsteen. Bedek de pot met wort en plaats in de gootsteen. Voeg de zak met ijsblokjes en voldoende koud water toe aan de gootsteen om op hetzelfde niveau te komen als de vloeistof in de pot. Verwijder het deksel. Laat afkoelen tot een thermometer die in het wort is gedompeld, 20 ° C (68 ° F) aangeeft.

## DE GIST POTEN

e) Plaats een trechter in de hals van een vergister. Plaats een fijne zeef in de trechter. Giet het wort langzaam door de zeef (zie opmerking 1). Voeg de gist toe aan de vergister. Roer krachtig met een lange lepel om de gist op te lossen.

f) Vul een gistingssluis met water tot aan de aangegeven lijn. Sluit de luchtsluis. Plaats de punt van de watersluis stevig in een rubberen stop. Plaats de stop in de hals van de vergister.

g) Plaats de vergister gedurende 21 dagen op een donkere, droge plek bij ongeveer 70 ° F (21 ° C).

## DE AROMATIEKEN TOEVOEGEN

h) Doe op de 18e dag de sinaasappelschillen in een kleine kom. Bedek met kokend water. Goed laten uitlekken. Open de vergister. Voeg de sinaasappelschillen en koriander toe aan het bier. Niet roeren. Sluit de vergister.

i) Het bier is klaar om gebotteld te worden.

## 15. <u>Aardappel Bier</u>

# INGREDIËNTEN:

- 3,25 lb. (1,5 kg) Bleke tweerijige pils of biermout (2-4° L)

- 2,5 lb. (1,13 kg) Münchenmout (ongeveer 10° L)

- 6,5 lb. (3 kg) Geschilde rauwe aardappelen op kamertemperatuur

- 1,33 oz. (37 g) bitterhop van 5% AA (Tettnanger, Fuggles, East Kent Goldings of Galena)

- 0,5 oz. (14 g) Aroma Hop (Tettnanger, Fuggles, East Kent Goldings of Willamette)

- 1 theelepel (5 ml) Iers mos

- 1 pakket Wyeast 1028 London, White Labs WLP005 British, Wyeast 1007 German Ale, White Labs WLP036 Alt, Wyeast 2042 Danish of WLP830 German Lager

- 1 kop (237 ml) DME of maïssuiker (voor bottelen)

## ROUTEBESCHRIJVING:

a) Macereer de geschilde, rauwe aardappelen met behulp van een blender of rijstmachine. Maak vervolgens een snelle, dikke graanpuree op een temperatuur van ongeveer 156 ° F (69 ° C).

b) Gebruik zo min mogelijk water, maar vermijd klontjes en droge plekken. Giet vervolgens de aardappelpuree in het graanbed en meng het graan en de aardappelen gelijkmatig voor maximale blootstelling van beide aan alle zetmeel in de puree.

c) Bedek tenslotte het graan/aardappelbed met ongeveer 2,5 cm water van ongeveer 78°C.

d) Alle zetmeelconversie moet binnen ongeveer 20 minuten na het mengen van het graan met de aardappelpuree zijn voltooid. Op dit punt kunt u beginnen met het recirculeren van het wort gedurende 15-20 minuten.

e) Giet het wort in een brouwketel en stop met borrelen wanneer de zwaartekracht van de ketel ongeveer 1,044 is. Rekening houdend met 10% verdamping, zou deze zwaartekracht voor het koken je brouwsel op de beoogde OG van 1.048 moeten brengen.

f) Voeg bitterhop toe 15 minuten aan de kook. Voeg aroma Hop 10 minuten voor het einde van het kookpunt toe.

# 16.  <u>Gemberbier</u>

Opbrengst: 1 porties

## INGREDIËNTEN:

- 1 gemberwortel

- 1 citroen, alleen geraspte schil

- 2 ons Crème van tartaar

- $1\frac{1}{2}$ pond suiker

- 1-gallon water; kokend

- 1 envelop gist

## ROUTEBESCHRIJVING:

a) Rasp en pureer de gemberwortel in een kom. Doe in een grote pan en voeg alle ingrediënten toe behalve de gist.

b) Roer tot suiker en wijnsteen zijn opgelost. Laat het mengsel afkoelen en voeg dan de gist toe die gestart is in een beetje lauw water.

c) Dek goed af gedurende 6 uur, filter dan eerst door een theezeefje of iets dergelijks, dan door een doek. Fles en dop stevig, verzegeld.

d) Plaats gedurende twee weken op een donkere, koele (60 graden) plaats. Laat volledig afkoelen voordat u het opent om te drinken.

## 17. <u>Jalapeno en gemberbier</u>

## INGREDIËNTEN

- 2 1/2 kopjes warm, gefilterd water

- 1 1/2 theelepel champagnegist

- 1 eetlepel vers geraspte gember, meer naar smaak

- 1 eetlepel kristalsuiker, meer naar smaak

- 2 citroenen, geperst

- 1 jalapeno, in plakjes (optioneel)

- 1 grote glazen pot

- 2 schone frisdrankflessen

## ROUTEBESCHRIJVING

a) Roer de gist door het warme water tot het is opgelost. Voeg 1 eetlepel vers geraspte gember, 1 eetlepel suiker, het citroensap, de gesneden jalapeno toe en roer om te combineren.

b) Giet in een glazen pot en dek af met een schone, droge theedoek en zet deze vast met een rubberen band over de pot. Zet de pot op de warmste plek in huis. Naast je verwarming, bij de koelkast of bij een ventilatierooster.

c) Roer tot de suiker is opgelost, leg de handdoek terug en zet je plant terug op een warme plaats.

d) Nu is het tijd om te bottelen. Schat in hoeveel water je nodig hebt om deze flessen voor 3/4 te vullen en kook het dan om het te zuiveren. Los zoveel suiker op in het water dat het erg zoet smaakt - zo zoet als frisdrank. Ook dit kun je later aanpassen.

e) Gebruik een kaasdoek om de plant uit te persen in een grote maatbeker of een kom.

f) Voeg met behulp van een trechter ongeveer een kopje plantenvloeistof toe aan elke schone, droge frisdrankfles. Voeg zoet water toe aan de flessen tot ze 3/4 van de weg vol zijn, roer dan met een om te combineren.

g) Sluit de flessen goed af met hun doppen en plaats ze terug op de warme plaats waar u uw plant had staan.

h) Na anderhalve tot twee weken zou de gist de meeste suiker in de fles moeten hebben opgegeten. Dit betekent dat je gemberbier klaar is om te openen en te proeven!

## 18. Zoete Aardappel Kwas

PORTIES: 4 glazen

## INGREDIËNTEN:

- 400 g rauwe zoete aardappel gewassen, geschild en geraspt
- 150 g rietsuiker of bruine suiker
- water

## ROUTEBESCHRIJVING:

a) Voeg de geraspte zoete aardappel toe aan je 2 liter vergisterpot.

b) Meng rietsuiker en voeg water toe om ongeveer 2 liter mengsel te maken.

c) Bedek het met een doek die aan het deksel is vastgemaakt en wacht 2 dagen totdat de gisting op snelheid komt.

d) Roer het elke dag om schimmelvorming te voorkomen en zorg ervoor dat de suiker oplost en goed mengt

e) Na 2 dagen wordt het bubbelend. Proef het regelmatig om ervoor te zorgen dat het niet te pittig is.

f) Filter met een doek en giet het in luchtdichte flessen.

g) geef nog een dag of twee voor flessen om koolzuurhoudend te worden. Koel vervolgens de flessen en serveer.

## 19. <u>Vakantie Pompoen Ale</u>

Opbrengst: 6 US gallons (22,7 L)

## INGREDIËNTEN:

### Mouten

- 8,0 lb. (3,6 kg) Maris Otter-mout
- 4,0 lb. (1,8 kg) München-mout
- 2,0 lb. (907 g) Aromatische mout
- 10 oz. (284 g) CaraMunich-mout

### fermenteerbare producten

- 8 Oz. (227 g) bruine suiker
- 5 lb. (2,3 kg) pompoen bereid zoals aangegeven, kook 90 minuten
- 1,25 oz. (35 g) Fuggle 4,6% alfapellet Hop, 45 min
- 3,0 theelepel kaneel, 5 min
- 1,9 theelepel nootmuskaat, vers, 5 min
- 1,0 eetlepel gemberwortel, 5 min
- 4,0 theelepel vanille, secundaire fermentor
- 3,5 oz. (100 g) primingsuiker

## Gist

- White Labs 002 Engelse Ale Gist

## ROUTEBESCHRIJVING:

a) Gebruik een eenstaps infusiepuree. Voeg 19 liter (18 liter) water van 168 ° F (76 ° C) toe aan het gemalen graan om een maischtemperatuur van 68 ° C te bereiken. Houd 60 minuten vast. Verzamel 7,5 gallon (28,4 L) wort. Pompoen toevoegen en aan de kook brengen.

b) Voeg bruine suiker en hop toe na respectievelijk 60 en 45 minuten. Voeg kruiden toe met nog vijf minuten en laat nog vijf minuten trekken. Een week fermenteren.

c) Rek naar secundaire vergister. Proef, voeg vanille en eventueel extra kruiden toe.

d) Laat twee weken in de secundaire. Primer met suiker, fles of vat.

## 20. <u>Bierbietendrank</u>

Porties 1

## INGREDIËNTEN

- 1 ons. Vodka Ocean Vodka hier gebruikt

- 1 ons. Vers Ananassap

- 1/2 oz. Honingsiroop 1:1 verhouding

- 1 ons. Bietenkvass Kurkuma en zwarte peper merk

- 1 ons. Big Drop Brewing Pale Blanche

- Verse gebarsten zwarte peper voor garnering

## ROUTEBESCHRIJVING:

a) Voeg in een shaker je eerste vier ingrediënten toe. Geef dit een snelle shake en zeef over ijs in collins-glas.

b) Top met bier en garneer met zwarte peper erop!

## 21. Zomerse rode kruidensaison

## INGREDIËNTEN:

- 1 kopje gedroogde citroenmelisse

- 3/4 kop gedroogde citroenverbena

- 1/2 kop gedroogde hibiscus

- 1/4 kop gedroogde linde

- 1 pond bruine suiker

- Safe Ale US-05 Dry Ale Gist

## ROUTEBESCHRIJVING

a) Ontsmet al uw apparatuur met uw Star San-desinfectiemiddel.

b) Breng 1 gallon water aan de kook. Haal van het vuur. Voeg alle kruiden toe. Dek af en laat een uur trekken. Zeef en koel.

c) Voeg na afkoeling suiker toe en los op.

d) Giet je wort (ook wel bekend als een zoete infusie) in je mandfles (of brouwvat). (Je moet alleen vullen tot aan de onderkant van de schouder van de fles.)

e) Voeg je gist toe en zet je luchtsluis op zijn plaats.

f) Zet je mandfles op een donkere, koele plaats rond 68-70 graden.

g) Controleer dagelijks om de activiteit te zien. Zodra het een paar dagen stopt met borrelen en helder is, proef je het om te zien of de zoetheid verdwenen is. Als dat zo is, doe dan opnieuw een zwaartekrachtmeting om uw alcoholmeting te vergelijken met uw oorspronkelijke meting.

h) Ontsmet uw bierflessen, doppen en automatische sifon ter voorbereiding op het bottelen.

i) Vul uw bierflesjes met 1/2 theelepel suiker voordat u ze met uw bier vult.

j) Gebruik uw automatische sifon om uw flessen te vullen (zorg ervoor dat u de resterende gist niet op de bodem van de mandfles zuigt) totdat er 5 cm luchtruimte in de fles overblijft.

k) Sluit af, label en bewaar in de koelkast.

l) Over een paar weken zijn ze klaar om te drinken.

## 22. Bijvoet Citroen Bier

Porties16

## INGREDIËNTEN

- 1 gallon bronwater of gedestilleerd water

- 3 ounce (8g) gedroogde bijvoetbladeren

- 1,25 pond donkerbruine suiker

- 3 grote citroenen

- 1 kopje wilde giststarter

## ROUTEBESCHRIJVING:

a) Meng het water, de bijvoet en de bruine suiker in een grote pan. Snijd en pers de citroenen in de pot. Breng de oplossing aan de kook; laat het 30 minuten koken.

b) Plaats de pot in een pan met koud water; afkoelen tot 70 ° F (21 ° C), voeg dan de gist toe.

c) Zeef het brouwsel in je vergister. Plaats de luchtsluis of bedek de vergister met een papieren handdoek of kaasdoek. Laat het brouwsel 10 dagen gisten.

d) Sifon in bierflessen en vul de flessen met 1/2 theelepel bruine suiker voor carbonatatie (optioneel).

e) Sluit de flessen en bewaar ze op een niet te warme plek. Het bier is binnen 3 tot 4 weken op dronk.

## 23. <u>Honing Citroen Duizendblad Zomerbier</u>

Opbrengst: 5 gallons

## INGREDIËNTEN:

- $\frac{3}{4}$ pond (340 g) biologische pilsmout, gemalen

- $\frac{1}{2}$ pond (226 g) biologische lichte tarwemout

- $\frac{1}{2}$ pond (226 g) organische lichte mout uit München

- 4 pond (1,8 kg) organisch bleek droog moutextract

- 2 pond (900 g) lichte honing (klaver of oranjebloesem)

- $\frac{3}{4}$ ounce (21 g) Sterling-pellethop, AA 8%, 6 HBU

- $\frac{1}{2}$ theelepel (2,5 ml) biologisch Iers mos

- 1 ons (28 g) Amerikaanse Citra

- $\frac{3}{4}$ ons (21 g) gedroogd

- 28-57 g verse schil van 3 of 4 Meyer-citroenen

- White Labs 002 Engelse biergist

- $\frac{3}{4}$ ons (21 g) gedroogd

- $\frac{1}{2}$ kopje (118 ml) biologische maïssuiker voor priming

## ROUTEBESCHRIJVING

a) Meng granen met minimaal 3 liter water, of vul een graanzak en plaats deze in je brouwpot gevuld met water. Verwarm zachtjes tot 150 ° F (66 ° C) en laat 15 tot 20 minuten trekken. Zeef alle vloeistof uit granen. Voeg voldoende water toe aan het wort om de brouwketel te vullen; het totale volume moet 20 tot 21 l ($5\frac{1}{4}$ tot $5\frac{1}{2}$ gallon) zijn (aanpassen aan uw zetsysteem).

b) Verwarm tot net voor het koken, voeg moutextract en honing toe en los volledig op. Aan de kook brengen.

c) Zodra het wort volledig kookt, start je de timer en voeg je Sterling-hop toe. Kook 40 minuten. Voeg Iers mos toe en kook 15 minuten. Voeg Cascade-hop en ounce duizendblad toe en zet het vuur uit. Zodra het vuur uit is, voeg je de citroenschil toe en roer je goed door. Laat 2 minuten trekken alvorens af te koelen.

d) Koel het wort af tot 18 tot 21°C (65 tot 70°F). Breng over naar een gezuiverde vergister en belucht goed.

e) Voeg gist toe en laat 5 tot 7 dagen fermenteren. Rek naar secundaire vergister indien gewenst. Voeg extra $\frac{3}{4}$ ounce duizendblad toe aan de vergister. Ferment nog eens 7 tot 10 dagen.

f) Prime en fles bier met maïssuiker wanneer de gisting is voltooid. Laat minimaal 14 tot 21 dagen intrekken.

## 24. <u>Soltice gekruid bier</u>

Opbrengst: 5 gallon (19 L)

## INGREDIËNTEN:

- 8,0 lb. (3,62 kg) bleek extract
- 1,0 lb. (0,45 kg) Amber Belgische kandijsuiker (vervangingen in volgorde van voorkeur: bleke kandijsuiker, maïssuiker)
- 1,0 lb. (0,45 kg) Belgische speciale B-mout
- 1,0 lb. (0,45 kg) Weense mout
- 1,0 lb. (0,45 kg) München-mout
- 1,0 lb. (0,45 kg) 75°L kristalmout
- 0,5 lb. (25 g) gerstvlokken
- 1,0 oz. (28 g) Chinook-hoppellets, 12,2% aa (45 min)
- 1,0 oz. (28 g) Saaz hoppellets (knock-out)
- 1 Eetlepels gips (toegevoegd aan het beslagwater)
- 0,5 theelepel Iers mos (verbetert de helderheid)
- 0,25 theelepel gedroogde gember
- 1 theelepel nootmuskaat
- 1 theelepel kaneel

- Zeste van 1/2 sinaasappel

- London Ale-gist (Wyeast 1028)


ROUTEBESCHRIJVING:

a) Pureer korrels in 2 gallon (7,6 liter) water bij 156 ° F (69 ° C) gedurende 30 minuten. Spoel met 2 gallon (7,6 liter) water van 180 ° F (82 ° C).

b) Voor het weken van granen: doe de granen in de zak in de hoeveelheid koud water die u normaal gebruikt voor het brouwen. Verwarm het water tot 150 tot 160°F (66 tot 71°C), laat 5 minuten staan, verwijder de korrels.

c) Voor volkoren: Mash in 4 gallon (15,1 liter) water van 69°C gedurende 45 minuten, borrel met 3 gallon (11,4 liter) 180°F (82°C) water.

d) Voeg extract en kandijsuiker toe en breng aan de kook. Voeg Chinook Hop toe en kook gedurende 45 minuten.

e) Voeg kruiden en Iers mos toe en kook nog 15 minuten. Voeg Saaz Hop toe aan het einde van het koken.

f) Chill en pek gist; fermenteren bij 65 ° F (18 ° C) gedurende twee weken.

g) Leeftijd nog minstens twee weken voordat u gaat drinken.

## 25.  Glühwein met kruiden en brandewijn

opbrengst: 2

## INGREDIËNTEN:

- 18 oz. kerstbier

- $2\frac{1}{2}$ Eetlepels donkerbruine suiker

- 4-6 kruidnagels naar smaak

- 2-sterren anijs

- 1 kaneelstokje

- $\frac{1}{2}$ theelepel gemalen nootmuskaat

- 6 stuks sinaasappelschil

- 3 oz. brandewijn

## ROUTEBESCHRIJVING:

a) Meng in een steelpan of kleine pot het bier (anderhalve fles, 18 oz totaal) met de bruine suiker en nootmuskaat, voeg de kruidnagel, steranijs, kaneelstokje en sinaasappelschil toe.

b) Breng zachtjes aan de kook (niet laten koken), roer tot de suiker is opgelost en laat 2-3 min sudderen om goed doordrenkt te raken met de kruiden.

c) Haal van het vuur en voeg de cognac toe.

d) Serveer in mokken, gegarneerd met een schijfje sinaasappel en geniet verantwoord.

## 26.  Bruin Boter Gekruid Ale

DIENT 2

## INGREDIËNTEN

- 12 ons bier naar keuze (mijn nieuwe favoriet is pompoenbier)
- 2 eetlepels ongezouten boter, gebruind
- 3 eetlepels donkerbruine suiker
- 1/4 theelepel gember
- 1/4 theelepel kaneel
- 1/4 theelepel nootmuskaat
- Splash cognac (ongeveer 1 eetlepel) per glas
- 1 kaneelstokje voor garnering

## ROUTEBESCHRIJVING

a) Voeg boter toe aan een kleine steelpan en smelt op middelhoog vuur.

b) Kook tot de boter lichtbruin is en een licht nootachtige geur heeft (ongeveer 3 minuten).

c) Zet het vuur laag en voeg bruine suiker en kruiden toe - kook tot de bruine suiker is opgelost en het mengsel pasta-achtig is.

d) Schraap in een kleine kom of schaal en dek af met folie om warm te houden.

e) Voeg het bier toe aan dezelfde pan en verwarm op middelhoog vuur tot het heet is.

f) Schep twee eetlepels van het gekruide botermengsel in een serveerglas, giet hete ale in het glas en voeg een scheutje cognac (ongeveer 1 of 2 eetlepels) toe en roer.

g) Garneer met kaneelstokje.

## 27. Kruiden- en kruidenbier

Opbrengst: 6,1 gal. (23L)

## INGREDIËNTEN:

### Mouten

- 10 lb. (4,54 kg) Avangard Pilsner Mout (87%)

- 1 lb. (454 g) Briess Tarwe Witte Mout (8,7%)

- 4 Oz. (113 g) Briess Carapils (2,2%)

- 4 Oz. (113 g) Cargill (Gambrinus) Honingmout (2,2%)

### Hop

- 1 ons. (28 g) Hallertauer, 4% aa, kook 60 min (13 IBU)

- 1 ons. (28 g) Hallertauer, 4% aa, kook 15 min (6 IBU)

- 1 ons. (28 g) Hallertauer, 4% aa, dryhop 6 dagen

### Diversen

- 0,46 g calciumchloride – $CaCl_2$ (puree)

- 0,41 g Epsomzout – $MgSO_4$ (puree)

- 0,41 g gips – $CaSO_4$ (puree)

- 0,33 g calciumchloride – $CaCl_2$ (borrelen)

- 0,3 g Epsom-zout – $MgSO_4$ (borrelen)

- 0,3 g gips – CaSO4 (borrelen)

- 1 tablet Whirlfloc (koken, 15 min)

- 5 pond geroosterde ube (primair)

Gist

- 1 zakje Fermentis SafLager S-23

- Waterprofiel

- Ca 21 ppm, Mg 3 ppm, Na 2 ppm, Cl 12 ppm, SO4 21 ppm, HCO3 25 ppm


## ROUTEBESCHRIJVING:

a) Pureer 60 minuten op 149 ° F (65 ° C).

b) Voer een kookbeurt van 60 minuten uit.

c) Fermentatie in primaire gedurende 14 dagen bij 68 ° F (20 ° C).

d) Carbonaat tot 2,4 vol. (4,8 g/L) CO2

## 28. <u>Pistache en Vanille Porter</u>

# INGREDIËNTEN

- 3200g Gladfield München Malt

- 600 g Gladfield Biscuit Malt

- 450g Beste Rogge Malt

- 350 g Gladfield Light Crystal Malt

- 300 g Gladfield lichte chocolademout

- 18 g Magnum-hop

- 500 g pistachenootjes

- 850 g pistachenoten (geweekt in smaaktinctuur)

- 2 vanillebonen

- 1 Pack Mangrove Jacks New World Strong Ale #M42

# ROUTEBESCHRIJVING:

a) Pureer alle granen gedurende 1 uur op 68 ° C en pureer vervolgens gedurende 10 minuten op 75 ° C. Spoel af op 80°C en kook vervolgens 1 uur.

b) Voeg na 60 minuten de Magnum-hop toe. Voeg 15 minuten toe. Voeg 500 gram pistachenoten en pistachenootdoppen toe. Koel en pek gist bij 18,7C gedurende 7-10 dagen.

c) Voeg na 4 dagen fermentatie 350 gram pistachenoten en de vanille toe.

## 29.   Amandel-Ale Shandy

6 (1 kop) porties

## INGREDIËNTEN

- 2/3 kop suiker

- 2 eetlepels verse korianderblaadjes

- 1/2 kopje vers citroensap

- 2 kopjes ijsblokjes

- 1 theelepel McCormick® puur amandelextract

- 2 kopjes seltzerwater

- 1 fles (12 ons) pale ale


## ROUTEBESCHRIJVING:

a) Meng suiker en koriander in een kan van 2 kwart gallon met een houten lepel tot de koriander is geplet. Voeg citroensap, ijs en extract toe; roer tot de meeste suiker is opgelost

b) Roer seltzer en bier erdoor; goed mengen. Schenk in drankglazen. Serveer onmiddellijk.

## 30. <u>Walnoot Stout</u>

Partijgrootte: 5 gallon (19 liter)

INGREDIËNTEN:

MOUT/GRANEN REKENING

- 11 lb. (4,9 kg) Amerikaans 2-rij

- 1 lb. (454 g) chocolademout

- 1 lb. (454 g) Speciaal gebraad

- 1 lb. (454 g) Kristal 120

- 1 lb. (454 g) witte tarwemout

- 8 Oz. (227 g) München

- 8 Oz. (227 g) Wenen

- 8 Oz. (227 g) zwarte mout

- 8 Oz. (227 g) haver

HOP EN TOEVOEGINGSSCHEMA

- 0,25 oz. (7 g) bitterhop [15% AA] na 90 minuten

- 0,25 oz. (7 g) bitterhop [15% AA] na 60 minuten

- 0,5 oz. (14 g) Williamette [5% AA] na 30 minuten

- 4 Oz. (113 g) zwarte walnoten (gehakt en geroosterd gedurende 15-20 minuten op 350 ° F/177 ° C) op 30 minuten

- 1 lb. (454 g) D180 Belgische donkere kandijsiroop 30 minuten

- 0,5 oz. (14 g) Williamette [5% AA] na 15 minuten

## GIST

- 1 pakje American Ale gist

## ROUTEBESCHRIJVING:

a) Pureer de korrels gedurende 45 minuten bij 148 ° F (64 ° C).

b) Kook gedurende 90 minuten, volgens het schema voor hop en andere toevoegingen.

c) Koel af tot 18°C en werp de gist.

d) Gist gedurende 3 dagen bij 65°F (18°C) en laat de temperatuur vervolgens vrij stijgen tot 22°C tot het bier de uiteindelijke zwaartekracht bereikt.

## 31.    <u>No Fail Stout</u>

Opbrengst: 6 gallon (22,7 L)

## INGREDIËNTEN:

### Mouten en suikers

- 7 lb. (3,28 kg) bleke gierstmout

- 5 lb. (2,27 kg) bleke boekweitmout

- 2 lb. (907 g) biscuit rijstmout

- 8 Oz. (227 g) chocolade geroosterde gierst

- 8 Oz. (227 g) donkere rijstmout

- 4 Oz. (113 g) Gashog rijstmout

- 1 lb. (454 g) Belgische kandijsiroop D-180 (toevoegen aan secundair)

### Hop

- 0,5 oz. (14 g) CTZ, 14% aa @ 90 min

- 0,5 oz. (14 g) Willamette, 5,5% aa @ 10 min

### Gist

- Fermentis Safale S-04 Engelse Ale

### Extra items

- 1 theelepel (5 ml) amylase-enzym toegevoegd aan puree

- 0,25 theelepel (2 g) Iers mos @ 10 min

- 1 theelepel (5 ml) gistvoeding @ 10 min

- 3,75 oz. (106 g) maïssuiker bij bottelen

## ROUTEBESCHRIJVING:

a) Pureer korrels met aanvullend amylase-enzym gedurende 60 minuten bij 155 ° F (68 ° C).

b) Kook 60 minuten en voeg op de aangegeven tijden hop, Iers mos en gistvoeding toe.

c) Koel het wort af tot 19°C, pek gist en laat 4 dagen fermenteren. Rek tot secundair en voeg Belgische kandijsiroop toe.

d) Laat bier de uiteindelijke zwaartekracht bereiken voordat het wordt gebotteld of gefuseerd.

## 32.  Ierse stout

Opbrengst: 5 US gal. (18,9L)

## INGREDIËNTEN:

### MALT

- 6.5 lb. Maris Otter bleke mout

- 2 pond geschaafde gerst

- 1,5 lb. 550 °L geroosterde gerst

- 4 Oz. 550 °L zwarte mout

### HOPS

- 0,75 oz. (21 g) Nugget, 11% aa @ 60 min

- 0,5 oz. (14 g) Galena, 11% aa @ 30 min

- 0,5 oz. (14 g) East Kent Goldings, 4,5% aa @ 10 min

### GIST

- Keizerlijke A10 Duisternis

## ROUTEBESCHRIJVING:

a)  Pureer 60 minuten op 152 ° F (67 ° C).

b)  Kook 60 minuten, voeg hop toe zoals aangegeven.

c) Ferment bij 64 ° F (18 ° C) totdat het soortelijk gewicht stabiliseert op of nabij 1,014 (3,6 ° P).

d) Pakket met 1.1 vol. (2,2 g/L) $CO_2$ en eventueel serveren op nitro.

## 33.  <u>Havermout stout</u>

# INGREDIËNTEN

## graan rekening

- Bleke mout, Maris Otter 78,6% – 4,4 kg/9¾lb

- Kristalmout (80L) 3,6% – 200g/7oz

- Chocolademout 3.6% – 200g/7oz

- Bleke chocolademout 3,6% – 200g/7oz

- Chocolade Tarwemout 3.6% – 200g/7oz

- Haver, gerold 7,2% – 400g/14oz

## Hop

- East Kent Goldings (5% AA) Eerste worthop – 60g/2⅛oz

- East Kent Goldings (5% AA) Kook 10 minuten – 20g/¾oz

## Gist

- Droge Engelse Ale Gist

- 1 Protofloc (Iers mos) tablet

## ROUTEBESCHRIJVING

a) Breng 24 liter/liter water tot 70,5°C (159°F).

b) Pureer. Handhaaf een maischtemperatuur van 65,5°C (152°F) gedurende 60 minuten.

c) Pureer – verhoog uw graantemperatuur tot 75 °C (167 °F).

d) Spoel door met ongeveer 4 liter/liter water van 75°C (167°F) om uw voorkookvolume van niet meer dan 23 liter/liter te bereiken.

e) Voeg je eerste worthop toe. Kook je wort gedurende 60 minuten. Voeg je hoptoevoeging 10 minuten voor het einde van je kookpunt toe.

f) Koel je wort tot 18°C (64°F). Meet uw oorspronkelijke zwaartekracht en drank terug met sanitair water om uw beoogde OG te bereiken.

g) Breng je wort over naar een schone en hygiënische vergister. Belucht je wort en pitch je voorbereide gist.

h) Fermenteer in primaire fermentor bij 18–20°C (64–68°F) gedurende 2 weken, of totdat u drie identieke zwaartekrachtmetingen heeft gedurende 3 dagen.

i) Fles met 100g/3½oz witte tafelsuiker om 2,2-2,4 volumes $CO_2$ te bereiken.

## 34. Ierse exportstout

# INGREDIËNTEN

## graan rekening

- Bleke mout, Maris Otter 80,6% – 5kg/11lb

- Speciale B Malt 3,2% – 200g/7oz

- Chocolademout 4,8% – 300g/10½oz

- Chocolade Tarwemout 4,8% – 200g/7oz

- Ongemoute tarwe 6,5% – 400g/14oz

## Hop

- Challenger (7,5% AA) Eerste worthop – 40g/1½oz

- Challenger (7,5% AA) Kook 15 minuten – 20g/¾oz

## Gist

- Ierse Ale Gist; WLP004 of Wyeast 1084

- 1 Protofloc (Iers mos) tablet


# ROUTEBESCHRIJVING

a) Breng 26 liter/liter water tot 70°C (158°F).

b) Instampen. Handhaaf een temperatuur van de puree van 65°C (149°F) gedurende 60 minuten.

c)  Pureer – verhoog uw graantemperatuur tot 75°C (167°F)

d)  Spoel door met ongeveer 6 liter/liter water van 75°C (167°F) om uw voorkookvolume van niet meer dan 23 liter/liter te bereiken.

e)  Voeg je eerste worthop toe. Kook je wort gedurende 60 minuten. Voeg je hoptoevoeging 15 minuten voor het einde van je kookpunt toe.

f)  Koel je wort tot 18°C (64°F). Meet uw oorspronkelijke zwaartekracht en vervolgens terug met sanitair water om uw beoogde OG te bereiken.

g)  Breng je wort over naar een schone en hygiënische vergister. Belucht je wort en pitch je voorbereide gist.

h)  Fermenteer in primaire fermentor bij 18–20°C (64–68°F) gedurende 2 weken, of totdat u drie identieke zwaartekrachtmetingen heeft gedurende 3 dagen.

i)  Fles met 100g/3½oz witte tafelsuiker om 2,2-2,4 volumes $CO_2$ te bereiken.

## 35.  <u>American Old Guard Stout</u>

Partijgrootte: 5,5 gallon (21 liter)

## INGREDIËNTEN

### Mout/Graan Bill

- 10 lb. (4,5 kg) twee rijen bleek
- 2 lb. (907 g) München
- 1 lb. (454 g) Kristal 60L
- 12 oz. (340 g) Weyermann Carafa II
- 8 Oz. (227 g) geroosterde gerst

### Hop schema

- 1 ons. (28 g) Chinook [13% AA] na 60 minuten
- 1 ons. (28 g) Centennial [10% AA] na 10 minuten
- 1 ons. (28 g) Cascade [7% AA] bij uitbranden

### Gist

- White Labs WLP001 California Ale

### ROUTEBESCHRIJVING

a) Maal de granen en pureer gedurende 60 minuten bij 68°C, met als doel een puree-pH van 5,5.

b) Verhoog tot 168°F (76°C) gedurende 10 minuten en pureer. Vorlauf totdat de stromen helder zijn, ren dan weg in de ketel.

c) Spoel de korrels door en vul indien nodig bij om ongeveer 7 gallon (26,5 liter) wort te verkrijgen - of meer, afhankelijk van uw verdampingssnelheid.

d) Kook gedurende 60 minuten volgens het hopschema.

e) Koel het wort na het koken af tot ongeveer 19°C, belucht goed en voeg de gist toe.

f) Fermentatie bij 67 ° F (19 ° C). Zodra de fermentatie is voltooid, cold-crash, pakket en carbonaat.

## 36.  <u>Zwart en getint</u>

## INGREDIËNTEN

- 6 ons pale ale bier

- 6 ons Guinness stout bier

## ROUTEBESCHRIJVING

a) Vul een pintglas voor de helft met de pale ale.

b) Pale ale halfvol in een pintglas

c) Laat de Guinness erop drijven door het langzaam over de achterkant van een lepel te gieten om het glas te vullen. Serveer en geniet.

## 37. Biologische Jeneverbes Porter

# INGREDIËNTEN:

- 4,4 lb. (2 kg) organisch bleek moutextract

- 2 lb. (0,9 kg) Hugh Baird bleke tweerijige biologische mout

- 1 lb. (0,45 kg) Briess Biologische Münchenmout

- 0.75 lb. (340 g) Briess Biologische karamel 60°L mout

- 340 g Briess Biologische chocolademout

- 0,5 oz. (14 g) New Zealand Pacific Gem biologische hop, 31 IBU (60 min.)

- 0,25 oz. (7 g) Nieuw-Zeelandse Hallertauer biologische hop, 7 IBU (60 min.)

- 0,75 oz. (21 g) Nieuw-Zeelandse Hallertauer biologische hop

- 1,0 oz. (28 g) biologische jeneverbessen

- White Labs English Ale vloeibare gist

- 1 kop (237 ml) biologisch moutextract

- 0,25 theelepel (1 g) Iers mos

- 2 theelepels (10 ml) gips

## ROUTEBESCHRIJVING:

a) Pureer alle granen bij 152 ° F (67 ° C) in 1,75 gallon (6,6 l) water. Spoel met 1,25 gallon (4,7 L) water.

b)  Voeg het extract toe aan het verzamelde wort, vul aan met voldoende water om 20,8 l vloeistof te maken en breng aan de kook. Voeg 0,5 oz toe. (14 g) NZ Pacific Gem en 0,75 oz. (21 g) NZ Hallertauer en kook gedurende 60 minuten. Voeg 0,75 oz toe. (21 g) NZ Hallertauer, Iers mos en jeneverbessen.

c)  Zet het vuur uit. Rust 10 minuten en neem een homebrew. Koel wort tot 70 ° F (21 ° C) en breng over naar primair. Voeg de gist toe en laat maximaal een week fermenteren bij 18 tot 21 °C (65 tot 70 °F). Breng over naar secundair en fermenteer nog een tot twee weken.

d)  Fles het bier en laat het een tot drie weken in de fles staan.

## 38.  <u>Baltische portier</u>

Opbrengst: 6 US gal (22,7 l)

## INGREDIËNTEN:

### MALT

- 8,5 lb. (3,86 kg) Weyermann München Type I
- 7,5 lb. (3,40 kg) Weyermann Gerookte Malt
- 2 lb. (907 g) Weyermann München Type II
- 1,25 lb. (567 g) Dingemans Special B
- 1 lb. (454 g) Weyermann Caraaroma
- 1 lb. (454 g) Weyermann Chocolade Tarwe
- 12 oz. (340 g) Briess Kristal 60
- 3 oz. (85 g) Weyermann Carafa II Special

### HOPS

- 1,5 oz. (43 g) Magnum, 11,8% aa @ 60 min
- 1,25 oz. (35 g) Hallertau Mittelfrüh, 3,9% aa @ 15 min

### GIST

- 2 pakken in 10 L starter Fermentis Saflager W-34/70
- 1 lb. (454 g) bakmelasse

## WATER BEHANDELING

- Voeg voor mineraalarm water 1 theelepel calciumchloride en ½ theelepel gips toe.

## ROUTEBESCHRIJVING:

a) Pureer 60 minuten bij 153 ° F (67 ° C).

b) Spoel, voeg melasse toe en kook 90 minuten, voeg hop toe zoals aangegeven.

c) Ferment met behulp van de snelle lagermethode in artikel. Koude crash.

d) Voeg Safale US-05 gist en 2,5 oz. (71 g) tafelsuiker naar fles of vat om 2,5 vol. (5 g/L) $CO_2$. Lager gedurende twee maanden bij 35 ° F (2 ° C).

## 39. Gerijpte Framboos Basilicum Porter

Opbrengst: 5 gallon (19 L)

## INGREDIËNTEN:

- 3,5 kg (7,5 kg) Noord-Amerikaanse twee rijen

- 1,0 lb. (0,45 kg) Chocolademout

- 0,5 lb. (0,2 kg) Zwarte mout

- 0,6 lb. (0,3 kg) 60L Kristalmout

- 0,25 lb. (0,1 kg) Tarwemout

- 0,6 oz. (17 g) Columbus Hop (60 minuten)

- 0,7 oz. (19 g) Vanguard Hop (5 minuten)

- 25,6 fl. oz. Frambozensapconcentraat (65 Brix)

- Een flinke handvol Thaise basilicumblaadjes

- Lekker Engels biergist

- 10,0 oz. (0,28 kg) Palo Santo-houten stokken

## ROUTEBESCHRIJVING:

a) Pureer met 3 gallon (11,4 L) water om een slagtemperatuur van 152 ° F (66 ° C) te bereiken. Rust 30 minuten.

b) Vorlauf om wort van acceptabele helderheid te verkrijgen, vrij of grote deeltjes.

c) Verzamel voldoende wort in afwachting van het verzenden van 5,5 gallons naar uw vergister, rekening houdend met het feit dat u aan het einde van het koken ongeveer een kwart gallon vloeistof toevoegt in de vorm van frambozensapconcentraat.

d) Kook gedurende 10 minuten en voeg alle Columbus Hop toe. Kook nog 55 minuten en voeg de Vanguard Hops toe.

e) Haal na nog eens 5 minuten koken het vuur van de ketel en roer het frambozensapconcentraat erdoor en laat 10 minuten rusten.

f) Koel het wort en stuur het naar de primaire vergister. Belucht het wort en pek de gist.

g) Zodra het bier zijn eindgewicht van ongeveer 1,015 (3,8 ° Plato) heeft bereikt, bereidt u een secundaire fermentor voor.

h) Voeg hieraan de basilicum toe die zal worden gemacereerd met een beetje neutrale alcohol en de Palo Santo-houten stokken, die 10 minuten kunnen worden geweekt in water van 85 ° F (85 ° C) aangezuurd met fosforzuur van voedingskwaliteit tot een concentratie van ongeveer 0,25 procent of gestoomd om te ontsmetten.

i) Zet het bier op secundair en laat het ongeveer drie weken rijpen. Verpak het zoals je normaal zou doen en geniet ervan.

## 40.  Droge padie portier

# INGREDIËNTEN

## GRAAN BILL

- Bleke mout, Maris Otter 77,8% – 3,5 kg/7¾lb

- Kristalmout (80L) 8,9% – 400g/14oz

- Chocolademout 6,7% – 300g/10½oz

- Bruine mout 4,4% – 200g/7oz

- Zwarte stroop (toegevoegd tijdens het koken) 2,2% – 100g/3½oz

## HOPS

- East Kent Goldings (5% AA) Eerste worthop – 30g/1oz

- East Kent Goldings (5% AA) Kook 15 minuten – 30g/1oz

- East Kent Goldings (5% AA) Kook 1 min – 20g/¾oz

## GIST

- Irish Ale Yeast, zoals WLP004 of Wyeast 1084
  Alternatieven: Dry English Ale Yeast

- 1 Protofloc (Iers mos) tablet

## ROUTEBESCHRIJVING

a) Breng 24 liter/liter water tot 71°C (160°F).

b) Pureer. Handhaaf een maischtemperatuur van 66,5 °C (152 °F) gedurende 60 minuten.

c) Pureer – verhoog uw graantemperatuur tot 75 °C (167 °F).

d) Spoel door met 4 liter/liter water van 75°C (167°F) om uw voorkookvolume van niet meer dan 23 liter/liter te bereiken.

e) Voeg je eerste worthop toe. Kook je wort gedurende 60 minuten en voeg in het begin je stroop toe. Voeg je hoptoevoegingen 15 minuten en 1 minuut voor het einde van je kookpunt toe.

f) Koel je wort tot 18°C (64°F). Meet je oorspronkelijke zwaartekracht. Liquor terug met sanitair water om je beoogde OG te bereiken.

g) Breng je wort over naar een schone en hygiënische vergister. Belucht je wort en pitch je voorbereide gist.

h) Fermenteer in primaire fermentor bij 18–20°C (64–68°F) gedurende 2 weken, of totdat u drie identieke zwaartekrachtmetingen heeft gedurende 3 dagen.

i) Fles met 90 g / $3\frac{1}{4}$oz witte tafelsuiker om 2,0-2,2 volumes $CO_2$ te bereiken

## 41.  Alster

## INGREDIËNTEN

- 1 kopje citroen/limoen frisdrank (bijv. Sprite, 7 Up of iets dergelijks)

- 1 kopje bleek pilsbier

## ROUTEBESCHRIJVING

a) Voeg de limoen-limoensoda toe aan een groot bierglas.

b) Schenk vervolgens het lagerbier erbij terwijl u het glas schuin houdt om te veel schuimvorming te voorkomen.

## 42. <u>Framboise</u>

Opbrengst: 5,5 gallon (21 L)

## INGREDIËNTEN:

- 3,0 lb. NW droog tarwe-extract

- 3,0 lb. MandF licht droog extract

- 3,5 oz. MaltoDextrine

- 4,0 blikken Oregon Fruit Products Frambozenpuree, elk 3,1 lb.

- 3,5 oz. Oude hele hop (90 min)

- Dreg van oude batch Lambic

- 1 flacon Wyeast 1968 London ESB Yeast

- 1 flacon Wyeast 3526 Brettanomyces lambicus

- 2,92 oz. maïssuiker voor priming

- 1 pakje Danstar Windsor Ale Dry Yeast voor priming

## ROUTEBESCHRIJVING:

a) Kook gedurende 90 minuten. Na het koken een nacht laten afkoelen in een open bakje. Pitch met bezinksel van een oude batch zelfgebrouwen Lambiek-stijl bier uit 1996 en Wyeast

1968. Plaats een eikenhouten staaf die in andere batches lambiek heeft gezeten.

b) Voeg na 16 maanden drie blikken frambozenpuree en Wyeast 3526 toe. Tweeëntwintig maanden na het brouwen het laatste blik frambozenpuree toevoegen.

## 43. <u>Grazer Bier</u>

## INGREDIËNTEN

- 8,0 pond | Weizenrauchmalz

- 1,5 oz. | Lublin-hop, 3,7% aa (60 min)

- 0,5 oz. | Lublin-hop, 3,7% aa (30 min)

- Neutrale Ale gist

## ROUTEBESCHRIJVING:

a) Voer het volgende maischschema uit: 30 minuten bij 100°F; 30 minuten bij 125 ° F; 30 minuten bij 158°F; en stamppot.

b) Voer een kookbeurt van 90-120 minuten uit, volgens het hopschema. Eenmaal klaar, carboneer tot 3,0-3,5 volumes $CO_2$

## 44. <u>Malzbier</u>

## INGREDIËNTEN

- 7 lb. Lichte ongehopte siroop

- 2 lb. Cara-pils mout

- 2 lb. Lichte kristalmout

- 1 lb. Extra rijke kristalmout

- 1/2 ounce Hallertauer (5,0% alfa)

- 1 ons Willamette (4,5 alfa)

- 1 theelepel Zout

- 1 theelepel Citroenzuur

- 1 theelepel Gistvoedingsstof

- 1 Eetlepels Iers mos Edme ale gist


## ROUTEBESCHRIJVING

a) Pureer cara-pils en kristalmout gedurende 2 uur in water van 140 graden.

b) Sparge om 4 gallons te maken. Voeg siroop en Hallertauer Hop toe. Kook 60 min, voeg Iers mos toe in de laatste 30 min.

c) Decanteer tot primair, voeg voldoende water toe om 5 gallons te maken. Voeg zout, citroenzuur, gistvoeding en droge hop toe met Willamette Hop.

d) De bedoeling is om alle of mogelijk het grootste deel van de dextrine en gekarameliseerde maltose na de fermentatie achter te laten voor de malz-smaak en body.

## 45. <u>Umqombothi</u>

# INGREDIËNTEN

- 2 kg maïsmeel

- 2 kg sorgho

- 6 liter water

## ROUTEBESCHRIJVING:

a) Combineer maïsmeelsorghum met zes liter kokend water en mix tot een gladde pasta. Laat dit twee dagen fermenteren op een warme, donkere plaats.

b) Schep na dag twee twee kopjes van het gefermenteerde mengsel eruit en zet apart. Meng de resterende pasta met twee liter kokend water in een pan en zet op het fornuis. Laat ongeveer een uur sudderen, vaak roerend, en laat het dan afkoelen.

c) Plaats deze mix dan terug in je emmer, voeg de twee kopjes gefermenteerde pasta toe en roer, voeg tenslotte nog eens 1 kg sorghum toe aan de mix.

d) De volgende dag moet het mengsel mooi borrelen, je bier is dan klaar. Zeef het door een zeef, chill en enjoy

## 46. Melasse Bier

# INGREDIËNTEN

## SUIKERS

- 5 gallons verse lente, gefilterd of gletsjer/sneeuwsmeltwater

- 5 1/2 pond. donker moutextract

- 4 1/2 pond. stroop

## SMAAKMAALTEN

- $\frac{1}{4}$ lb. Crystal 120 L mout

- 1/2 lb. Chocolademout

- 1/2 lb. Cara München Malt

- $\frac{1}{4}$ pond geroosterde gerst

## HOPS

- 1 ons. Nieuw-Zeelandse Hallertaur hoppellets

- 1/2 oz. Nieuw-Zeelandse Pacific Gem hoppellets - (aroma)

- oz. Fuggle gedroogde losbladige hop - (aroma)

## GIST

- Nottingham Ale-gist of andere basisbiergist

## ROUTEBESCHRIJVING

a) Laat eerst uw smaakstofmouten 20 minuten weken in 3 gallons van uw verwarmde bronwater. Kook deze granen niet, omdat dit sommige van de subtielere maischprocessen kan vernietigen. Het beste is om de 180 graden Fahrenheit niet te overschrijden.

b) Zeef vervolgens de smaakstofmouten of haal de graanzak eruit en voeg de rest van je water toe aan de ketel en breng de hele vloeistof aan de kook.

c) Zet nu de brander uit en voeg je moutextract en melasse toe, terwijl je het wort goed roert om ervoor te zorgen dat de suikers niet verbranden op de bodem van de ketel.

d) Als de suikers goed zijn opgelost, breng je het wort aan de kook, voeg je de bitterhop toe en kook je het wort gedurende 30 minuten onder regelmatig roeren.

e) Voeg vervolgens nog 15 minuten de smaakstof Hop toe, voeg daarna de aroma Hop toe en kook nog vijf minuten en zet dan de brander uit en koel het wort af tot kamertemperatuur of 75 graden, afhankelijk van wat heter is

f) Nu kunt u het wort in uw schoongemaakte en ontsmette fermentatievat doen, de gist primen en het wort krachtig roeren.

g) Plant nu de gist in het bier en bewaar een week in een koele, donkere kamer, waarbij je elke dag de luchtsluis controleert om er zeker van te zijn dat het schuim niet door de luchtsluis naar boven is gekomen. Als u een afblaasconstructie gebruikt, hoeft u zich geen zorgen te maken over luchtsluizen.

h) Na deze eerste week is een goed moment om je bier de komende twee weken over te hevelen naar een nagistingsvat.

## 47. <u>Quinoa Pale Ale</u>

## INGREDIËNTEN:

- 6 pond. Gemoute Quinoa, geroosterd (puree/borrel)

- 2 pond. Gemoute Quinoa (puree/borrel)

- 0,25 pond. Rijstsiroop Vaste stoffen (puree/borrel)

- 2 oz. Clusterhop (60 min)

- 3 pond. Kruidnagel Honing (60 min)

- 4 Oz. Maltodextrine (60 min)

- 1,5 oz. Sterling Hop (30 min)

- 1 ons. Sterling Hop (15 min)

- 1 theelepel Iers mos (15 min)

- 1 pakje biergist

## ROUTEBESCHRIJVING

a) Gepureerde quinoa met 3,5 gallon water met een slag van 150F, amalyse-enzymen toegevoegd en 1 uur laten staan. Verhoogde temperatuur met 1 gallon water met een stakingstemperatuur van 180F en liet het nog een uur staan.

b) Bereik een warme pauze.

c) Voeg hop, klaring en resterende vergistbare suikers toe volgens schema.

d) Koel het wort tot de juiste temperatuur om de gist te pitchen.

## 48. Radlermassa

## INGREDIËNTEN

- 1 kopje bier

- 1 kop koolzuurhoudende citroen-limoendrank

- ijs

- 1 citroen twist

## ROUTEBESCHRIJVING

a) Neem gelijke delen bier en limoensap over een klein beetje ijs om het gekoeld te houden; wees voorzichtig, het zal veel schuimen, dus doe het rustig aan.

b) Als je het gaat proeven, kun je de hoeveelheid bier of frisdrank veranderen - als je echt van bier houdt, kan de combinatie 3/4 bier tot 1/4 frisdrank zijn of omgekeerd.

## 49. Rijstwijn

## INGREDIËNTEN

- 1,7 kg Gepolijste rijst

- 1 pakje Koji 20 g geënte rijst of 5 g sporen

- 3-4 liter Water zacht water


## ROUTEBESCHRIJVING

a) Inoculeer rijst met koji. Dit helpt om voldoende enzymen en een sterke startercultuur te creëren om het zetmeel af te breken. Sommige winkels hebben ook Sake-rijst en rijstballen, die vooraf zijn ingeënt. Als je ze niet kunt vinden, moet je een bed van gestoomde rijst maken, de koji-cultuur erop strooien en deze 24-40 uur in een warme vochtige ruimte bewaren.

b) Gebruik gestoomde rijst (geen gekookte rijst). Het doel is om de rijst te gelatiniseren, maar hem stevig genoeg te houden zodat de enzymen erop kunnen inwerken. Door te koken wordt de rijst te zacht en zal de zetmeelconversie niet efficiënt zijn.

c) Koel de resterende gestoomde rijst af tot 25oC alvorens te mengen met koji-rijst. Voeg wat RO-water toe om de korrels onder te dompelen. Gechloreerd en hard water moet worden vermeden.

d) Roer de puree om de 12 uur door met een ontsmette stalen lepel. Controleer ook de temperatuur en laat hem niet boven de 20oC schieten.

e) Na ongeveer een paar dagen kunnen we de bouillon aftappen, filteren en opdrinken. Door meer gestoomde rijst toe te voegen, kunnen we de cultuur verder verspreiden.

f) Optioneel. Je kunt het sediment uitdrogen. Er zit genoeg gist en koji in om je te helpen een tweede batch te maken.

## 50.  Shandy

## INGREDIËNTEN

- je favoriete bier/pils

- je favoriete limoen-limoen frisdrank, gekoeld

## ROUTEBESCHRIJVING

a)  Giet de helft van elke drank langzaam in een of twee hoge bierglazen.

b)  Genieten van.

## 51. <u>Sorghum Bier</u>

## INGREDIËNTEN:

- 1 kg. (2,2 lbs.) Sorghum

- 7 g (1/4-ounce) bakgist


## ROUTEBESCHRIJVING:

a)  Week sorghum in water, zodat het kan ontkiemen. Droog de gedeeltelijk gekiemde granen. Plet de sorghum en kook ongeveer 15 minuten in water. Giet af en doe in een groot vat. Voeg 4 liter heet water toe en laat 1 uur staan.

b)  Breng het vloeibare deel van de puree over in een groot vat en voeg 8 liter heet water toe. Laat het mengsel op natuurlijke wijze afkoelen tot het op kamertemperatuur komt.

c)  Voeg de gist en een kopje extra gemalen sorghummout (van gekiemde granen) toe. Roer krachtig.

d)  Gist gedurende 2 dagen bij kamertemperatuur en zeef het bier vervolgens in opslagvaten. Serveer aan dorstige klanten.

## 52.  Triple Down Belgische Tripel

Opbrengst: 5 gallon (18,9 L)

## INGREDIËNTEN:

- 12 lb. (5,44 kg) Briess Pilsen-mout

- 1,25 lb. (0,57 kg) Dingeman's Cara 8 malt

- 1 lb. (0,45 kg) rijstvlokken

- 1 lb. (0,45 kg) rijstsiroop of rijstsiroop vaste stoffen @ 0 min.

- 1 ons. (28 g) Stiermarkse Goldings, 6% aa (60 min.)

- 1 ons. (28 g) Stiermarkse Goldings, 6% aa (30 min.)

- 1 ons. (28 g) Stiermarkse Goldings, 6% aa (0 min.)

- Wyeast 3787 Trappist High Gravity biergist

- Wyeast 3711 French Saison Ale gist

## ROUTEBESCHRIJVING:

a) Breng 4,75 gal (17,9 L) beslagwater op 167°F (75°C) en pureer de granen gedurende 1 uur bij 154°F (68°C).

b) Verwarm 4,5 gal (17 l) spoelwater tot 180 ° F (82 ° C) water in een waterkoker. Spoel, verzamel 6,25 gal (23,7 L) wort in de kookketel en kook gedurende 60 minuten, voeg hop toe zoals aangegeven.

c) Koel het wort af tot 22 °C, breng over naar de vergister en voeg beide gisten toe. Ferment gedurende 2 weken bij 70–72 ° F (21–22 ° C), en vervolgens op secundair rek en 2 weken laten conditioneren bij 72–75 ° F (22–24 ° C) alvorens te verpakken en te serveren.

## 53.  Tuxedo Speedo Zwart IPA

Opbrengst: 5 US gallons (19 L)

## INGREDIËNTEN:

### MALT

- 10 lb. (4,53 kg) bleke mout met twee rijen
- 1,4 lb. (649 g) dextrinemout
- 8,6 oz. (244 g) 120° L kristalmout
- 11,4 oz. (324 g) zwarte patentmout (in puree)

### HOPS

- 0,18 oz. (5 g) Columbus-pellets, 15% aa (60 min), 12.2. IBU
- 0,36 oz. (10 g) Simcoe-pellets, 13% aa (60 min), 21,1 IBU
- 0,43 oz. (12 g) Cascadekorrels, 5,75% aa (45 min), 10 IBU
- 1,43 oz. (41 g) Cascadekorrels, 5,75% aa (15 min), 10 IBU
- 1,43 oz. (41 g) Chinook-pellets, 13% aa (15 min), 22,5 IBU
- 1,43 oz. (41 g) Amarillo-korrels (0 min)
- 0,71 oz. (20 g) Cascadekorrels (droog, 21 dagen)
- 0,71 oz. (20 g) Mozaïekkorrels (droog, 21 dagen)

### ANDERE INGREDIËNTEN

- 1 theelepel (5 g) Iers mos

## GIST

- Amerikaanse biergist

## ROUTEBESCHRIJVING:

a) Pureer korrels bij 152 ° F (67 ° C) gedurende één uur.

b) Fermenteren bij 68 ° F (20 ° C) totdat de uiteindelijke zwaartekracht is bereikt.

c) Voeg droge hop toe in secundair en verpak na drie weken.

## 54.  Triple-X

Opbrengst: 6 gallon (22,7 L)


INGREDIËNTEN:

- 7,2 lb. (3,26 kg) Engelse Pale Ale LME (3,5 °L) | 68,9%

- 1,0 lb. (0,45 kg) Lactosepoeder (Melksuiker) (0 °L) | 9,6%

- 1,0 lb. (0,45 kg) Zwarte patentmout (525 °L) | 9,6%

- 0,75 lb. (340 g) Kristal (80 °L) | 7,2%

- 0,5 lb. (227 g) Bleke chocolademout (200 °L) | 4,8%

- 1,5 oz. (43 g) Kent Goldings 5% AA @ 60 minuten

- Gist (White Labs WLP006 Bedford British, Wyeast 1099 Whitbread Ale of Fermentis Safale S-04


ROUTEBESCHRIJVING:

a) Gebruik 11 gram goed gerehydrateerde gist, 2 pakjes vloeibare gist of maak een geschikte starter.

b) Fermentatie bij 68 ° F (20 ° C).

c) Als je klaar bent, carboneer je het bier tot ongeveer 1,5 tot 2 volumes.

d) All-Grain-optie Vervang het Engelse extract door 10 lb. (4,53 kg) Britse pale ale-mout. Pureer gedurende 60 minuten bij 151 ° F (66 ° C). Foto © Siggi Churchill Flickr CC

## 55.  Duivel Heer Hobo

Opbrengst: 5,5 gallon (20,82 L)

## INGREDIËNTEN:

- Klassieke Boheemse Pilsener

- 11,0 lb. (4,99 kg) Belgische pilsmout

- 2,25 oz. (63 g) Saaz, 4,5% aa (60 min.)

- 1,0 oz. (28 g) Saaz, 4,5% aa (0 min.)

- Wyeast 2124 Bohemian Lager gist

- Transformator: Hobo Devil

- Voeg 227 g aromatische mout toe.

- Voeg 2 lb. (0,9 kg) tafelsuiker toe aan de kook.

- Verlaag de bittere toevoeging van Saaz tot 2,0 oz. (57 gram).

- Vervang Wyeast 1388 Belgian Strong Ale gist voor Bohemian lagergist.

## ROUTEBESCHRIJVING:

a) Pas het water aan met calciumchloride (ongeveer 1 theelepel of 5 ml voor een neutrale waterbron) en minimale andere mineralen. Sla met 16 quarts (15,14 L) van 57°C (134°F) water om 20 minuten te rusten op 122°F (50°C).

b)  Afkooksel # 1: Trek een dik afkooksel van 1/3 van de puree met minimale vloeistof. Verwarm het afkooksel tot 152 ° F (67 ° C) en houd het 20 minuten in een apart vat, breng het dan al roerend aan de kook. Breng het afkooksel terug naar de hoofdbeslag om de temperatuur te verhogen tot ongeveer 66°C.

c)  Afkooksel # 2: Trek een dik afkooksel van 1/3 van de puree met minimale vloeistof en breng aan de kook. Voeg weer toe aan de hoofdpuree om de temperatuur te verhogen tot 168 ° F (76 ° C) voor een puree van 10 minuten. Gist gedurende twee weken bij 48-50 ° F (9-10 ° C).

d)  Verhogen tot 54 ° F (18 ° C) gedurende 24 uur, dan koude crash tot 35 ° F (2 ° C) en koude toestand gedurende nog twee weken.

## 56.  <u>Brandnetel bier</u>

# INGREDIËNTEN

- 1 kg brandneteltopjes
- 4l water
- 1 citroen, geperst
- 750 gram suiker
- 25 g room van tartaar
- 1 zakje biergist

## ROUTEBESCHRIJVING:

a) Geef de brandneteltoppen eerst een grondige wasbeurt in de gootsteen en laat ze daarna uitlekken. Als je een slacentrifuge hebt, is dat best handig voor het uitwerpen van griezelige beestjes die op de loer liggen in de bladeren

b) Breng vervolgens het water aan de kook in een bouillonpan en gooi de brandneteltoppen erin. Kook hard gedurende 15 minuten en zeef dan voorzichtig in een andere bouillonpan

c) Roer de suiker, het citroensap en de wijnsteen erdoor tot alles is opgelost en laat afkoelen tot kamertemperatuur brandnetelbier

d)  Strooi (of strooi) de biergist over het oppervlak van het brandnetelbrouwsel, dek af met een mousseline doek of een theedoek en laat een nacht staan

e)  Neem de volgende dag een mandfles en giet het brouwsel erin met een trechter. Top met een stop en een watersluis en laat vervolgens tot 6 dagen fermenteren en bubbelen

f)  Overhevel in schone bruine flessen, sluit ze af en laat nog een week in de koelkast opstijven.

## 57. <u>München dunkel</u>

# INGREDIËNTEN

## graan rekening

- Pilsner Mout, Duits 47,8% – 2,2 kg/47/8lb

- München-mout 47,8% – 2,2 kg/47/8lb

- Carafa Special III 4,3% – 200g/7oz

## Hop

- Tettnang (4,5% AA) Eerste worthop – 30g/1oz

- Hallertauer Hersbrucker (4% AA)

- Kook 15 minuten – 50g/1¾oz

## Gist

- German Lager-gist, zoals WLP830 of Wyeast 2124
  Alternatief: Mangrove Jacks Bohemian Lager

- 1 Ierse mostablet

- 1 vel bladgelatine (optioneel)


# ROUTEBESCHRIJVING

a) Volg de Lager-methode.

## 58. Alcatraz witbier

Opbrengst: 1 porties

## Ingrediënt

- 3 pond gedroogd tarwe-extract

- 2 pond Tarwemout

- 1 pond Gerstemout

- 1 pond gedroogd moutextract

- $2\frac{1}{2}$ ounce Mt. Hood hop

- Wyeast Tarwebiergist

## ROUTEBESCHRIJVING

a) Maak twee dagen van tevoren een giststarter. Pureer de drie pond mout a la Miller. Kook gedurende een uur, voeg aan het begin $1-\frac{1}{2}$ ounce hop toe, $\frac{1}{2}$ ounce na 30 minuten en ounce na 5 minuten. Koel en pek gist.

b) Gisten. Fles. Ik heb de helft van de batch (5 gal) geprimed met ⅓kopje maïssuiker en de andere helft met $\frac{1}{2}$ kopje klaverhoning. Na twee weken was het bier geweldig. Het bier met honing was echter veel te koolzuurhoudend.

## 59. <u>Amerikaans witbier</u>

Opbrengst: 5 porties

## Ingrediënt

- 3 pond Briess gedroogde tarwemout

- 3 pond Briess bulkmoutextract

- 2 ons Hallertauer-hop -- (30-45 .)

- min)

- $\frac{3}{4}$ kopje Priming suiker

- 1 Wyeast 3056 Beierse tarwe

- Vloeibare gist

- 1 mousseline zak

## ROUTEBESCHRIJVING

a) Breng 1 liter water aan de kook. Haal de pan van het vuur en roer de siroop en het gedroogde tarwe-extract erdoor tot het is opgelost. Zet de pan terug op het vuur en voeg hallertauer-hop toe en kook 30-45 min. Voeg wort toe aan 4 gallons koud water in de vergister.

b) Wanneer afgekoeld tot onder 80 graden, pek gist

# 60. Varkens- en appelcider

Opbrengst: 3 US gallons

## INGREDIËNTEN:

- 3 gal. (11,4 L) vers, zoet appelsap (laag zuur, laag tannine)

- 1,5 theelepel (7-8 ml) gistvoeding

- 1 pakje Amerikaans biergist

- 3 reepjes spek, 40 minuten gekookt in een oven van 325 ° F

- 4 Oz. bourbon

## ROUTEBESCHRIJVING:

a) Ontsmet uw fermentatievat en 2 folievellen per ontsmettingsmiddel. Gebruiksaanwijzing.

b) Kook 1 pint (473 ml) water en laat afkoelen tot 105 ° F (41 ° C). Meng er een snufje gistvoeding door en strooi de gist over het water.

c) Dek af met ontsmette aluminiumfolie en laat 15 minuten staan. Verwarm het appelsap tot 60°F (16°C). Voeg het sap toe aan de vergister en meng de schuimige gist erdoor.

d) Bedek met meer ontsmette folie en plaats het ergens donker en koel, bij voorkeur rond de 60°F (16°C). Na 2-4 weken moet de gist gefermenteerd zijn en helder zijn geworden met alle gist en eiwitten die zich op de bodem van de vergister hebben bezonken. Controleer de fermentatie regelmatig.

e) Maak ongeveer 5 dagen voordat de fermentatie is voltooid het bacon-bourbonmengsel. Verkruimel het spek, meng met de bourbon in een afgesloten glazen pot en bewaar 4 dagen in de koelkast. Verwijder op de 4e dag het spek en plaats de bourbon in de vriezer. De volgende dag zou het spekvet aan de bovenkant hard moeten zijn. Schep het vet weg en bewaar de bourbon.

f) Nadat de fermentatie is gestopt, rek je naar een secundaire container en voeg je de bourbon toe. Ontsmet flessen, doppen en transferslangen. Verpak nog steeds (zonder koolzuur) om de baconsmaak op natuurlijke wijze te laten rijzen.

g) Om te bottelen, hevel je de cider uit de vergister en zorg je ervoor dat je de modder op de bodem en in elk van je plastic flessen vermijdt. Volledig vullen. Stop de stroom cider door in de buis te knijpen voordat u de slang naar de volgende fles verplaatst.

h) Draai de doppen erop en laat de cider afkoelen in de koelkast en drink hem op als hij afgekoeld is. Serveer op ongeveer 10°C.

## 61.  <u>Ananas-bruine suikercider</u>

MAAKT 1 GALLON

## INGREDIËNTEN

- 1 zeer rijpe ananas, in stukjes gesneden
- 14 kopjes water
- 1 kop verpakt / 8 ons donkerbruine suiker
- 1 kaneelstokje
- 2 kruidnagels
- 1 Campden-tablet
- $1\frac{1}{2}$ eetlepel ($\frac{1}{2}$ tube) vloeibare Belgische biergist
- 1 theelepel gistvoeding
- 1 theelepel zuurmengsel
- $\frac{1}{2}$ theelepel pectine-enzym
- 1 kop / 1 ounce Splenda of andere niet-vergistbare suiker
- 3 eetlepels opgelost in $\frac{1}{2}$ kopje kokend water en afgekoeld, om te bottelen

## ROUTEBESCHRIJVING

a) Breng het water aan de kook. Haal de pan van het vuur, voeg de piloncillo toe en roer om op te lossen. Zet de pot opzij totdat het water volledig is afgekoeld. Dit duurt een uur of twee.

b) Combineer het bruine suikerwater, kaneel, kruidnagel en ananas in de 2-gallon fermentatie-emmer. Neem een hydrometeraflezing om de oorspronkelijke zwaartekracht te bepalen. Plet de Campden-tablet en roer deze door het water. Klik het deksel erop en bevestig het luchtslot. Wacht 24 uur totdat de Campden het ananaswater heeft gesteriliseerd.

c) Nadat het ananaswater is gesteriliseerd, bereidt u de giststarter. Ontsmet een maatbeker, een inmaakpot van 1 liter en een roerlepel. Schep 1 kopje ananaswater uit en giet het in de pot.

d) Giet de gist erover en dek de pot af met een stuk plastic folie dat is vastgemaakt met een rubberen band. Schud de pot goed en laat hem 1 tot 3 uur staan. Het moet schuimig worden en je zult kleine belletjes op het oppervlak van de vloeistof zien springen.

e) Giet de starter in het ananaswater samen met de gistvoeding, het zuurmengsel en het pectine-enzym. Roer krachtig om de gist te verdelen en het water te beluchten. Klik het deksel er weer op en bevestig de luchtsluis weer.

f) Laat de ananascider minimaal 3 dagen of maximaal 7 dagen ongestoord fermenteren, totdat de fermentatie is vertraagd en het sediment dat tijdens het brouwen ontstaat, de kans heeft gekregen om te bezinken.

g) Reinig een kan van 1 gallon, de stop, de rekstok, de punt, de sifonslang en de slangklem. Hevel alle cider in de kan. Kantel de emmer naar het einde toe om alle vloeistof over te hevelen. Stop wanneer u ziet dat de vloeistof in de sifonslang troebel wordt met bezinksel. Plaats de stop en het luchtslot. Laat de kan 2 weken op een koele en donkere plaats staan.

h) Om de cider te bottelen, ontsmet een soeppan, een hydrometer, tien 12-ounce bierflessen of zes 22-ounce bierflessen, hun doppen, de hevelslang, de rekstok, de punt, een maatbeker en de flessenvuller. Sifon kopje cider naar de hydrometer en gebruik het om de uiteindelijke zwaartekracht te bepalen. Drink de cider op of schenk hem na gebruik terug in de kan.

i) Giet de maïssuikeroplossing in de soeppan. Sifon de cider in de soeppan om te mengen met de maïssuikeroplossing, zo min mogelijk spetterend. Schep een beetje cider met de maatbeker en proef. Voeg Splenda (of een andere zoetstof) toe als een zoetere cider gewenst is. Sifon de cider in flessen, dop en etiket.

j) Laat de flessen minstens 1 maand op kamertemperatuur buiten direct zonlicht staan of bewaar ze maximaal 1 jaar. Koel voor het opdienen.

## 62.   Extra, extra speciaal bitter

# INGREDIËNTEN

## graan rekening

- Maris Otter 90% 4.5kg/10lb
- Britse kristalmout 10% 500g/1$\frac{1}{8}$lb

## Hop

- Challenger First worthop – 20g/$\frac{3}{4}$oz
- East Kent Goldings Kook 10 minuten – 50g/1$\frac{3}{4}$oz
- Challenger Kook 5 minuten – 30g/1oz
- East Kent Goldings Kook 1 min – 50g/1$\frac{3}{4}$oz

## Gist

- 1 Protofloc (Iers mos) tablet

## ROUTEBESCHRIJVING

a) Breng 24 liter/liter water tot 70°C (158°F). Behandel dit water volgens uw waterrapport.

b) Pureer. Handhaaf een maischtemperatuur van 66°C (151°F) gedurende 60 minuten.

c) Pureer – verhoog de graantemperatuur tot 75°C (167°F).

d) Spoel door met 4 liter/liter water van 75°C (167°F) om uw voorkookvolume van niet meer dan 23 liter/liter te bereiken.

e) Voeg je eerste worthop toe. Kook je wort gedurende 60 minuten. Voeg Hop 10, 5 en 1 minuut voor het einde van het kookpunt toe.

f) Koel je wort tot 18°C (64°F).

g) Liquor terug met sanitair water om je beoogde OG te bereiken.

h) Breng je wort over naar een schone en hygiënische vergister. Belucht je wort en pitch je voorbereide gist.

i) Fermentatie in primaire fermentor bij 18-20 ° C (64-68 ° F) gedurende 2 weken.

j) Fles met 80g/3oz witte tafelsuiker om 1,8-2 volumes $CO_2$ te bereiken.

## 63. Engelse pale ale

## INGREDIËNTEN

### GRAAN BILL

- Premium Engelse Pale Malt

### HOPS

- Uitdager (7,5% AA)
- Eerste worthop – 20g/¾oz
- Uitdager (7,5% AA)
- Kook 15 minuten – 40g/1½oz
- Uitdager (7,5% AA)
- Toevoegen bij uitbranden – 40g/1½oz

### GIST

- Yorkshire Ale-gist
- 1 Protofloc (Iers mos) tablet

## ROUTEBESCHRIJVING

a) Bereid je gist voor. Reinig en bereid uw brouwapparatuur voor

b) Breng 20 liter/liter water tot 69°C (156°F).

c) Instampen. Handhaaf een temperatuur van de puree van 65°C (149°F) gedurende 60 minuten.

d) Pureer – verhoog uw graantemperatuur tot 75 °C (167 °F).

e) Spoel door met 4 liter/liter water van 75°C (167°F) om uw voorkookvolume van niet meer dan 22 liter/liter te bereiken.

f)  Voeg je eerste worthop toe. Kook je wort gedurende 60 minuten. Voeg je hoptoevoegingen 15 minuten voor het einde van het kookpunt en bij het uitvlammen toe.

g)  Koel je wort tot 18°C (64°F). Meet je oorspronkelijke zwaartekracht. Liquor terug met sanitair water om je beoogde OG te bereiken.

h)  Breng je wort over naar een schone en hygiënische vergister. Belucht je wort en pitch je voorbereide gist.

i)  Fermentatie in primaire fermentor bij 18-20 ° C (64-68 ° F) gedurende 2 weken.

j)  Fles met 90g/3¼oz witte tafelsuiker om 1,9-2,1 volumes CO2 te bereiken.

## 64.   Oude wereldse Engelse IPA

# INGREDIËNTEN

## GRAAN BILL

- Bleke mout, Maris Otter 87,3% – 5,5 kg/12 lb
- Kristalmout (80L) 6,3% – 400g/14oz
- Tarwemout 6,3% – 400g/14oz

## HOPS

- Target (11% AA) Eerste worthop – 30g/1oz
- Challenger (7,5% AA) Kook 10 minuten – 30g/1oz
- Challenger (7,5% AA) Kook 5 minuten – 30g/1oz
- Challenger (7,5% AA) Aroma steil – 30 minuten 40g/1½oz
- East Kent Goldings (5% AA) Aroma steil
- 30 minuten – 50g/1¾oz
- Target (11% AA) Aroma steil 30 minuten – 20g/¾oz
- East Kent Goldings (5% AA) Dryhop voor 3 dagen – 50g/1¾oz

## GIST

- Een droge English Ale Yeast, zoals White labs WLP007, Wyeast 1098, Mangrove Jacks m07 of Nottingham, als je echt vastzit.
- 1 Protofloc (Iers mos) tablet

## ROUTEBESCHRIJVING

a)  Bereid je gist voor. Reinig en bereid uw brouwapparatuur voor

b)  Breng 27 liter/liter water tot 69,5°C (157°F).

c)  Instampen. Handhaaf een temperatuur van de puree van 65°C (149°F) gedurende 60 minuten.

d)  Pureer – verhoog uw graantemperatuur tot 75 °C (167 °F).

e)  Spoel door met 6 liter/liter water van 75°C (167°F) om uw voorkookvolume van niet meer dan 25 liter/liter te bereiken.

f)  Voeg je eerste worthop toe. Kook je wort gedurende 60 minuten. Voeg je hoptoevoegingen 10 en 5 minuten voor het einde van het kookpunt toe.

g)  Koel je bier tot 75-79°C (167-174°F) en voeg je aroma Hop toe. Laat deze 30 minuten trekken.

h)  Koel je wort tot 18°C (64°F). Meet je oorspronkelijke zwaartekracht. Liquor terug met sanitair water om je beoogde OG te bereiken.

i)  Breng je wort over naar een schone en hygiënische vergister. Belucht je wort en pitch je voorbereide gist.

j)  Fermenteer in primaire fermentor bij 18–20°C (64–68°F) gedurende 2 weken, of totdat u drie identieke zwaartekrachtmetingen heeft gedurende 3 dagen.

k) Breng over naar een secundaire fermentor en dryhop gedurende 3 dagen.

l) Fles met 100g/3½oz witte tafelsuiker om 2,1-2,3 volumes $CO_2$ te bereiken.

## 65. Bruin bier

# INGREDIËNTEN

## GRAAN BILL

- Bleke mout, Maris Otter 82,2% – 3,7 kg/8 lb

- Donkere kristalmout (120L) 4,4% – 200g/7oz

- Bleke kristalmout (20L) 4,4% - 200g/7oz

- Ambermout 4,4% – 200g/7oz

- Chocolademout 4,4% – 200g/7oz

## HOPS

- Target (11% AA) Eerste worthop – 15g/$\frac{1}{2}$oz

- Fuggles (4,5% AA) Kook 15 minuten – 20g/$\frac{3}{4}$oz

- Fuggles (4,5% AA) Kook 5 minuten – 20g/$\frac{3}{4}$oz

## GIST

- Een droge English Ale Yeast, zoals White labs WLP007, Wyeast 1098, Mangrove Jacks m07 of Nottingham, als je echt vastzit.

- 1 Protofloc (Iers mos) tablet

## ROUTEBESCHRIJVING

a) Breng 22 liter/liter water tot 71°C (160°F).

b) Pureer. Handhaaf een maischtemperatuur van 66,5 °C (152 °F) gedurende 60 minuten.

c) Pureer – verhoog uw graantemperatuur tot 75 °C (167 °F).

d) Spoel door met 4 liter/liter water van 75°C (167°F) om uw voorkookvolume van niet meer dan 22 liter/liter te bereiken.

e) Voeg je eerste worthop toe. Kook je wort gedurende 60 minuten. Voeg je hoptoevoegingen 15 en 5 minuten voor het einde van de kook toe

f) Koel je wort tot 18°C (64°F). Meet uw oorspronkelijke zwaartekracht en drank terug met sanitair water om uw beoogde OG te bereiken.

g) Breng je wort over naar een schone en hygiënische vergister. Belucht je wort en pitch je voorbereide gist.

h) Fermenteer in primaire fermentor bij 18-20°C (64-68°F) gedurende 2 weken, of totdat u drie identieke zwaartekrachtmetingen heeft gedurende 3 dagen.

i) Fles met 100g/3½oz witte tafelsuiker om 2,1-2,3 volumes $CO_2$ te bereiken

## 66. <u>Schotse export</u>

# INGREDIËNTEN

## GRAAN BILL

- Maris Otter 84,2% – 3,2kg/7lb
- Speciale B Malt 5,3% – 200g/7oz
- Bleke kristalmout 5% – 200g/7oz
- Ambermout 2,6% – 100g/3½oz
- Chocolademout 2.6% – 100g/3½oz

## HOPS

- East Kent Goldings (5% AA) Eerste worthop – 25g/7/8oz
- East Kent Goldings (5% AA) Kook 15 minuten – 25g/7/8oz

## GIST

- Edinburgh of Scottish Ale Gist
- 1 Protofloc (Iers mos) tablet

## ROUTEBESCHRIJVING

a) Breng 18 liter/liter water tot 71°C (160°F).

b) Pureer. Handhaaf een maischtemperatuur van 66,5 °C (152 °F) gedurende 60 minuten.

c)  Pureer – verhoog uw graantemperatuur tot 75 °C (167 °F).

d)  Spoel door met 4 liter/liter water van 75°C (167°F) om uw voorkookvolume van niet meer dan 22 liter/liter te bereiken.

e)  Voeg je eerste worthop toe. Kook je wort gedurende 60 minuten. Voeg je hoptoevoegingen 15 minuten voor het einde van het kookpunt toe.

f)  Koel je wort tot 18°C (64°F). Meet uw oorspronkelijke zwaartekracht en drank terug met sanitair water om uw beoogde OG te bereiken.

g)  Breng je wort over naar een schone en hygiënische vergister. Belucht je wort en pitch je voorbereide gist.

h)  Fermentatie in primaire fermentor bij 18-20 ° C (64-68 ° F) gedurende 2 weken.

i)  Fles met 80g/3oz bruine suiker om 1,9-2,1 volumes $CO_2$ te bereiken.

## 67.   Crock-Pot Root Beer Moonshine

PORTIES: 20 personen

## INGREDIËNTEN

- 10 kopjes water

- 2 $\frac{1}{2}$ kopjes kristalsuiker

- $\frac{1}{2}$ kopje bruine suiker (verpakt)

- 1 eetlepel puur vanille-extract

- 4 eetlepels wortelbierextract

- 1 liter everclear graanalcohol (of wodka)

## ROUTEBESCHRIJVING:

a) Voeg water, kristalsuiker, bruine suiker en puur vanille-extract toe aan een slowcooker van 4 liter of groter.

b) Dek af en kook op HIGH gedurende 2 uur, af en toe roeren.

c) Zet de slowcooker uit of haal de stekker uit het stopcontact en roer het wortelbierextract erdoor.

d) Laat de vloeistof volledig afkoelen en meng dan de everclear of wodka erdoor.

e) Schep het mengsel in schone inmaakpotten met deksels en ringen op een koele donkere plaats.

f) Drink met mate!

## 68.  <u>Bananenbier</u>

Opbrengst: 35 glazen

## INGREDIËNTEN:

- 5 Rijpe bananen; gepureerd

- 5 sinaasappelen; sap van

- 5 Citroenen; sap van

- 5 kopjes suikerwater

## ROUTEBESCHRIJVING:

a) Meng door elkaar en vries in.

b) Vul een groot glas voor de helft (of meer) met het bevroren mengsel en voeg 7-Up, Sprite, Gingerale, etc. toe.

## 69. <u>Ananas Bier</u>

Opbrengst: 24 porties

## INGREDIËNTEN

- 2 Ananas, blaadjes eraf gehakt en de schil schoongeboend
- 24 kopjes Luke Warm Water (6 liter)
- 5 kopjes witte suiker
- 1 kopje rozijnen, licht gekneusd
- 2 1/2 t Instant Droge Gist

## ROUTEBESCHRIJVING:

a) Hak de ananas, schil en al, grof

b) Doe alle ingrediënten, behalve de gist, in een grote, schone plastic bak.

c) Strooi de Gist erover – laat een minuutje staan en roer het mengsel dan goed door

d) Gebruik een stuk tule om over de bovenkant van de emmer te sluiten - zet vast met touw of een rubberen band.

e) Laat 72 uur op een donkere plaats staan – twee keer per dag roeren

f) Zeef en bottel het bier, maar doe de dop er pas na 12 uur op - bewaar het gekoeld en serveer zoals het is met ijs

## 70. Cactus Bier

## INGREDIËNTEN:

- 3 pond grof gemalen maïsmeel

- 1 pond pompoenpulp

- Cactusvruchten van cactusvijgen van 1 pond

- 3 liter water

- biergist

## ROUTEBESCHRIJVING

a) Plet de gekiemde maïs grof en giet in de brouwpot met 8 liter koud water. Ga zitten en laat een uur zitten. Breng het aan de kook, voeg de suiker toe, zet het vuur lager en laat drie uur sudderen (regelmatig roeren). Voeg aan het einde van het koken de gewenste kruiden toe.

b) Verwijder en laat het een uur staan. Zeef de vloeistof vervolgens in een vergister met een zeef, kaasdoek of een andere methode die u verkiest. Zodra het is afgekoeld tot 70 ° F (21 ° C), werpt u de gist en fermenteert u bij kamertemperatuur (tussen 60 en 75 ° F) gedurende vijf dagen. Rek naar secundair en fermenteer gedurende één tot twee weken tot verduidelijkt.

c) Fles met 1 theelepel maïssuiker per fles voor priming. Laat het ten slotte nog twee weken staan na het bottelen voordat u het opdrinkt.

## 71. Mangobier

Opbrengst: 5 US gal. (18,9L)

## INGREDINTEN:

### MALT

- 5 lb. (2,27 kg) Pilsner mout

- 2,5 lb. (1,13 kg) witte tarwemout

- 2,5 lb. (1,13 kg) rode tarwemout

### HOPS

- 0,75 oz. (21 g) Saaz @ 30 min

### AANVULLENDE ITEMS

- 0,25 oz. (7 g) gemalen korianderzaad @ 10 min

- 0,5 oz. (14 g) zeezout @ 10 min

- 4 lb. (1,81 kg) bevroren mangostukjes, ontdooid, 5 dagen in secundair

- melkzuur optioneel, indien nodig voor pH-aanpassing

### GIST EN BACTERIN

- 1 doos Goodbelly Mangosap Drink

- 2 pakken Fermentis SafAle US-05

ROUTEBESCHRIJVING:

a) Pureer 75 minuten bij 64°C (148°F) en laat zoals gebruikelijk doorborrelen om het volledige voorkookvolume op te vangen. Breng het wort aan de kook, of in ieder geval tot 180 ° F (82 ° C), alleen om te steriliseren.

b) Koel wort tot 110 ° F (43 ° C). Controleer de pH en de zwaartekracht en voeg indien nodig melkzuur toe om de pH voor de veiligheid te verlagen tot 4,5.

c) Decanteer het Goodbelly-sap en gooi het Lactobacillus-sediment in het wort. Houd dit wort gedurende twee dagen rond de 90-100°F (32-38°C) om verzuren te voorkomen.

d) Meet na twee dagen de pH en de zwaartekracht. De zwaartekracht zou niet veel moeten veranderen, maar de pH zou in de lage 3s moeten zijn gedaald.

e) Breng het zure wort aan de kook en voeg op de aangegeven tijden hop en kruiden toe. Koel tot 70 ° F (21 ° C), ga naar de vergister en pitch US-05.

f) Terwijl de gisting afloopt, ontdooit en vriest u de mango twee of drie keer opnieuw in om de vruchtcelwanden te helpen afbreken. Als de fermentatie is voltooid, voeg je de ontdooide mango toe en laat je deze vijf dagen in de vergister staan.

g) Koude crash voor twee dagen en zorg ervoor dat het fruit op de bodem van de vergister is bezonken voordat het wordt verpakt.

## 72.  Gekruide scotch ale

# INGREDIËNTEN

## GRAAN BILL

- Bleke mout, Maris Otter 91,5% – 7,5 kg/16½lb

- Donkere kristalmout (120L) 7,3% – 600g/1⅜lb

- Geroosterde Gerst 1,2% – 100g/3½oz

## HOPS

- East Kent Goldings (5% AA)

- Eerste worthop – 50g/1¾oz

## GIST

- Edinburgh of Scottish Ale Gist

- 25g/17/8oz koriander (koriander) zaden, geplet

- 1 Protofloc (Iers mos) tablet

## ROUTEBESCHRIJVING

a) Breng 26 liter/liter water tot 72,5°C (162°F).

b) Pureer. Handhaaf een maischtemperatuur van 66,5 °C (152 °F) gedurende 60 minuten.

c) Pureer – verhoog uw graantemperatuur tot 75 °C (167 °F).

d) Spoel door met ongeveer 6 liter/liter water van 75°C (167°F) om uw voorkookvolume van niet meer dan 24 liter te bereiken.

e) Voeg je eerste worthop toe. Breng je wort aan de kook en kook gedurende 60 minuten. Voeg 5 minuten voor het einde van je kookpunt je gemalen koriander toe.

f) Koel je wort tot 18°C (64°F). Meet uw oorspronkelijke zwaartekracht en drank terug met sanitair water om uw beoogde OG te bereiken.

g) Breng je wort over naar een schone en hygiënische vergister. Belucht je wort en pitch je voorbereide gist.

h) Gist gedurende de eerste 3 dagen in primaire fermentor gedurende 18-20 °C (64 - 68 °F). Hierna kunt u de temperatuur de rest van uw 2 weken laten stijgen tot 24°C, of totdat u drie identieke zwaartekrachtmetingen heeft.

i) Als je eenmaal hebt besloten waar je het naar toe wilt laten stijgen, laat het dan niet vallen. Anders kan je gist gaan uitvlokken en heb je een te zwak bier.

j) Fles met 100g/3½oz witte tafelsuiker om 2,1-2,3 volumes $CO_2$ te bereiken. Rijping in de fles gedurende minimaal 2 weken bij kamertemperatuur. Dit bier zal zich met de jaren verder ontwikkelen.

## 73. <u>Quaffable bitter</u>

# INGREDIËNTEN

## GRAAN BILL

- Maris Otter 85,7% – 3kg/6½lb

- Britse kristalmout (80L) 8,6% – 300g/10½oz

- Tarwemout 5.7% 200g/7oz

## HOPS

- East Kent Goldings Eerste worthop

- – 20g/¾oz

- East Kent Goldings Kook 15 minuten

- – 40g/1½oz

- East Kent Goldings Kook 1 minuut

- – 40g/1½oz

## GIST

- Engelse Ale Yeast zoals White labs WLP002, Wyeast 1968 of Safale S-04

- 1 Protofloc (Iers mos) tablet


## ROUTEBESCHRIJVING

a) Breng 18 liter/liter water tot 70°C (158°F).

b) Pureer. Handhaaf een maischtemperatuur van 66,5 °C (152 °F) gedurende 60 minuten.

c) Pureer - verhoog uw graantemperatuur tot 75 °C (167 °F).

d) Spoel door met 5 liter/liter water van 75°C (167°F) om uw voorkookvolume van niet meer dan 22 liter/liter te bereiken.

e) Voeg je eerste worthop toe. Kook je wort gedurende 60 minuten. Voeg je hoptoevoegingen 15 en 1 minuut voor het einde van het kookpunt toe.

f) Koel je wort tot 18°C (64°F). Meet uw oorspronkelijke zwaartekracht en drank terug met sanitair water om uw beoogde OG te bereiken.

g) Breng je wort over naar een schone en hygiënische vergister. Belucht je wort en pitch je voorbereide gist.

h) Fermentatie in primaire fermentor bij 18-20 ° C (64-68 ° F) gedurende 2 weken.

i) Fles met 70 g witte tafelsuiker om 1,8-2 volumes $CO_2$ te bereiken.

**74.** <u>**Amerikaans tarwebier**</u>

# INGREDIËNTEN

## GRAAN BILL

- Maris Otter, extra bleek 58,3% – 2,7 kg/6 lb

- Ongemoute tarwe 33,3% – 1,5 kg/3¼lb

- Haver, gerold 8,3% – 400g/14oz

## HOPS

- Simcoe (12,3% AA) Kook 20 minuten – 25g/7/8oz

- Amarillo (8,2% AA) Kook 15 minuten – 25g/7/8oz

- Simcoe (12,3% AA) Kook 10 minuten – 25g/7/8oz

- Amarillo (8,2% AA) Aroma Steil – 50g/1¾oz

- Simcoe (12,3% AA) Aroma Steil – 50g/1¾oz

- Amarillo (8,2% AA) Droge hop – 25g/7/8oz

## GIST

- Onder andere West Coast Ale Yeast WLP001 of Wyeast 1056

## ROUTEBESCHRIJVING

a) Breng 22 liter/liter water tot 69,5°C (157°F).

b) Instampen. Handhaaf een temperatuur van de puree van 64,5 °C (148 °F) gedurende 60-90 minuten

c) Pureer – verhoog uw graantemperatuur tot 75 °C (167 °F).

d) Spoel door met 6 liter/liter water van 75°C (167°F) om uw voorkookvolume van niet meer dan 26 liter/liter te bereiken.

e) Kook je wort gedurende 90 minuten. Voeg je hoptoevoegingen toe in een hopburst, 20, 15, 10 en 5 minuten voor het einde van het koken.

f) Koel je bier tot 75-79°C (167-174°F) en voeg je aroma Hop toe. Laat deze 30 minuten trekken op niet hoger dan 79°C (174°F).

g) Koel je wort tot 18°C (64°F). Meet je oorspronkelijke zwaartekracht. Liquor terug met sanitair water om je beoogde OG te bereiken.

h) Breng je wort over naar een schone en hygiënische vergister. Belucht je wort en pitch je voorbereide gist.

i) Fermentatie in primaire fermentor bij 18-20 ° C (64-68 ° F) gedurende 2 weken. Zorg ervoor dat u drie identieke zwaartekrachtmetingen heeft gedurende 3 dagen.

j) Breng over naar secundaire fermentor en dryhop gedurende 3 dagen.

k) Fles met 110g/37/8oz witte tafelsuiker om 2,4-2,5 volumes $CO_2$ te bereiken.

## 75. Opbergkast Amerikaans bruin

**graan rekening**

- Bleke mout, Maris Otter 76,1% – 4kg/9lb

- Kristalmout 9,5% – 500g/1⅛lb

- Ambermout 5.7% – 300g/10½oz

- Chocolademout 4,8% – 250g/8¾oz

- Haver, gerold 3,9% – 200g/7oz

**Hop**

- Columbus (Tomahawk, Zeus; 16% AA)

- Kook 10 minuten – 30g/1oz

- Columbus (Tomahawk, Zeus; 16% AA)

- Kook 5 minuten – 30g/1oz

- Columbus (Tomahawk, Zeus; 16% AA)

- Aroma steil – 100g/3½oz

- Centennial (10% AA) Aroma Steil – 40g/1½oz

**Gist**

- West Coast Ale Yeast, zoals Safale US-05, WLP001 of Wyeast 1056

- 1 Ierse mostablet

## ROUTEBESCHRIJVING

a) Breng 24 liter/liter water tot 71,5°C (161°F).

b) Pureer. Handhaaf een maischtemperatuur van 66°C (151°F) gedurende 60 minuten.

c) Pureer – verhoog uw graantemperatuur tot 75 °C (167 °F).

d) Spoel door met 4 liter/liter water van 75°C (167°F) om uw voorkookvolume van niet meer dan 25 liter/liter te bereiken.

e) Kook je wort gedurende 60 minuten. Voeg je hopburst toe 10 en 5 minuten voor het einde van de kook. Voeg uw klaringstablet toe na 15 minuten.

f) Koel je bier af tot 75-79°C (167-174°F) en voeg je aromahop toe.

g) Laat deze 30 minuten trekken op niet hoger dan 79°C (174°F).

h) Koel je wort af tot 18°C (64°F), terugvloeiend met sanitair water om je beoogde oorspronkelijke zwaartekracht te bereiken.

i) Breng je wort over naar een schone en hygiënische vergister. Belucht je wort en pitch je voorbereide gist.

j) Fermentatie in primaire fermentor bij 18-20 ° C (64-68 ° F) gedurende 2 weken. Zorg ervoor dat u drie identieke zwaartekrachtmetingen heeft gedurende 3 dagen.

k) Fles met 110g/37/8oz witte tafelsuiker om 2,4-2,5 volumes $CO_2$ te bereiken.

## 76.  Amerikaanse gerstewijn

**graan rekening**

- Bleke mout, Maris Otter 90% – 9kg/20lb

- Kristalmout 5% – 500g/1⅛lb

- Ambermout 2% – 200g/7oz

- Haver, gerold 3% – 300g/10½oz

**Hop**

- Warrior (15% AA) Eerste worthop – 50g/1¾oz

- Amarillo (8,5% AA) Kook 10 minuten – 50g/1¾oz

- Chinook (13% AA) Kook 5 minuten – 50g/1¾oz

- Amarillo (8,5% AA) Aroma Steil – 50g/1¾oz

- Chinook (13% AA) Aroma Steil – 50g/1¾oz

**Gist**

- West Coast Ale Yeast, zoals Safale US-05, WLP001 of Wyeast 1056.

- 1 Ierse mostablet


## ROUTEBESCHRIJVING

a) Breng 28 liter/liter water tot 72 °C (161 °F).

b)  Instampen. Handhaaf een temperatuur van de puree van 66°C (151°F) gedurende 60-75 minuten.

c)  Pureer – verhoog uw graantemperatuur tot 75 °C (167 °F).

d)  Spoel door met 8 liter/liter water van 75°C (167°F) om uw voorkookvolume van niet meer dan 25 liter/liter te bereiken.

e)  Voeg je eerste worthop toe en kook je wort gedurende 60 minuten. Voeg uw aroma Hop toe 10 en 5 minuten voor het einde van het kookpunt. Voeg uw klaringstablet toe na 15 minuten.

f)  Koel je bier af tot 75-79°C (167-174°F) en voeg je aromahop toe.

g)  Laat deze 30 minuten trekken op niet hoger dan 79°C (174°F).

h)  Koel je wort af tot 18°C (64°F), terugvloeiend met sanitair water om je beoogde oorspronkelijke zwaartekracht te bereiken.

i)  Breng je wort over naar een schone en hygiënische vergister. Belucht je wort en pitch je voorbereide gist.

j)  Fermentatie in primaire fermentor bij 18-20 ° C (64-68 ° F) gedurende 2-3 weken. Zorg ervoor dat u drie identieke zwaartekrachtmetingen heeft gedurende 3 dagen.

k)  Fles met 120g/4$\frac{1}{4}$oz witte tafelsuiker om 2,5-2,7 volumes $CO_2$ te bereiken.

l)   Laat dit bier minimaal 4 weken op kamertemperatuur rijpen.

## 77. Californië gemeenschappelijk

**graan rekening**

- Bleke mout, Maris Otter 90,9% – 4,5 kg/10 lb

- Kristalmout 5,1% – 250g/8¾oz

- Ambermout 4% – 200g/7oz

**Hop**

- Hallertauer Mittelfrüh (4% AA)

- Eerste worthop – 50g/1¾oz

- Hallertauer Mittelfrüh (4% AA)

- Kook 15 minuten – 50g/1¾oz

- Hallertauer Mittelfrüh (4% AA)

- Aroma steil – 50g/1¾oz

**Gist**

- San Francisco Lager Gist (Californische Lager Gist - WLP810, Wyeast 2112)

- 1 Ierse mostablet

## ROUTEBESCHRIJVING

a) Breng 24 liter/liter water tot 71°C (160°F).

b) Instampen. Handhaaf een temperatuur van de puree van 65°C (149°F) gedurende 60-75 minuten.

c) Pureer – verhoog uw graantemperatuur tot 75 °C (167 °F).

d) Spoel door met 6 liter/liter water van 75°C (167°F) om uw voorkookvolume van niet meer dan 24 liter/liter te bereiken.

e) Voeg je eerste wort Hop toe en kook je wort gedurende 60 minuten. Voeg uw smaak toe Hop en klaring 15 minuten voor het einde van het kookpunt.

f) Koel je bier af tot 75-79°C (167-174°F) en voeg je aromahop toe.

g) Laat deze 30 minuten trekken op niet hoger dan 79°C (174°F).

h) Koel je wort af tot 18°C (64°F), terugvloeiend met sanitair water om je beoogde oorspronkelijke zwaartekracht te bereiken.

i) Breng je wort over naar een schone en hygiënische vergister. Belucht je wort en pitch je voorbereide gist.

j) Fermentatie in primaire vergister bij 14-18°C (57-64°F) gedurende 2 weken. Zorg ervoor dat u drie identieke zwaartekrachtmetingen heeft gedurende 3 dagen.

k) Fles met 110g/37/8oz witte tafelsuiker om 2,4-2,5 volumes $CO_2$ te bereiken.

## 79. Abdij dubbel

**graan rekening**

- Bleke mout, Belgisch 66,7% – 4kg/9lb

- Tarwemout 8,3% – 500g/1$\frac{1}{8}$lb

- Cara–München Malt 8,3% – 500g/1$\frac{1}{8}$lb

- Donkere kandijsuiker 16,7% – 1kg/2$\frac{1}{4}$lb

**Hop**

- Hallertauer Mittelfrüh (4% AA)

- Eerste worthop – 30g/1oz

- Hallertauer Mittelfrüh (4% AA)

- Kook 20 minuten – 30g/1oz

**Gist**

- Belgische abdijgist. Hiervoor zou ik gaan voor Rochefort gist (WLP540, Wyeast 1762), maar je zou ook voor Wesmalle gist (WLP530, Wyeast 3787) of Chimay gist (WLP500, Wyeast 1214) kunnen gaan.

- Alternatieven: Gedroogde Belgische gist zoals Safbrew Abbaye of Mangrove Jacks Belgian Ale

- 1 Ierse mostablet

# ROUTEBESCHRIJVING

a) Bereid je gist voor. Je hebt genoeg nodig. Reinig en bereid uw brouwapparatuur voor.

b) Breng 24 liter/liter water tot 69°C (156°F). Behandel dit water volgens uw waterrapport.

c) Instampen. Handhaaf een temperatuur van de puree van 65°C (149°F) gedurende 60 minuten.

d) Pureer – verhoog de graantemperatuur tot 75°C (167°F).

e) Spoel door met 4 liter/liter water van 75°C (167°F) om uw voorkookvolume van niet meer dan 23 liter/liter te bereiken.

f) Voeg je eerste wort Hop en je suiker toe. Kook je wort gedurende 75-90 minuten.

g) Voeg 20 minuten voor het einde van de kook uw smaak Hop toe.

h) Koel je wort tot 18°C (64°F). Meet je oorspronkelijke zwaartekracht. Liquor terug met sanitair water om je beoogde OG te bereiken.

i) Breng je wort over naar een schone en hygiënische vergister. Belucht je wort en pitch je voorbereide gist.

j) Fermentatie in primaire fermentor bij 18°C (64°F) gedurende de eerste 2-3 dagen van actieve fermentatie. Verwijder vervolgens alle koeling om uw temperatuur vrij te laten stijgen. Laat het niet boven 26°C (79°F) komen. Welke temperatuur het ook bereikt, houd het daar totdat je drie identieke zwaartekrachtmetingen hebt. Houd er rekening mee dat dit ongeveer 2 weken duurt vanaf het plaatsen van de pitch.

k) Fles met 120g/4$\frac{1}{4}$oz witte tafelsuiker om ongeveer 2,7-2,8 volumes $CO_2$ te bereiken. Dit bier zal baat hebben bij een behoorlijke flesconditionering en zal verbeteren met de leeftijd.

## 80.   <u>Vierpersoonskamer</u>

### graan rekening

- Pilsenermout, Belgisch 40,5% – 3kg/6½lb

- Bleke mout, Belgisch 40,5% – 3kg/6½lb

- Belgische kandijsuiker, puur 18,9% – 1,4 kg/3lb

### Hop

- Noordelijke Brouwer (8,5% AA)

- Eerste worthop – 26g/7/8oz

- Stiermarkse Goldings (5,4% AA)

- Kook 30 minuten – 20g/¾oz

- Hallertauer Mittelfrüh (4% AA)

- Kook 15 minuten – 20g/¾oz

### Gist

- Wesmalle gist (WLP530, Wyeast 3787)

- 1 Ierse mostablet

### ROUTEBESCHRIJVING

a) Breng 25 liter/liter water tot 70°C (158°F). Behandel dit water volgens uw waterrapport.

b) Instampen. Handhaaf een temperatuur van de puree van 65 °C (149 °F) gedurende 75 minuten.

c) Pureer – verhoog de graantemperatuur tot 75°C (167°F).

d) Spoel door met 6 liter/liter water van 75°C (167°F) om uw voorkookvolume van niet meer dan 24 liter/liter te bereiken.

e) Voeg je eerste wort Hop en je suiker toe. Kook je wort gedurende 90 minuten.

f) Voeg je smaak Hop toe 30 en 15 minuten voor het einde van de kook.

g) Koel je wort tot 18°C (64°F). Meet je oorspronkelijke zwaartekracht. Liquor terug met sanitair water om je beoogde OG te bereiken.

h) Breng je wort over naar een schone en hygiënische vergister. Belucht je wort en pitch je voorbereide gist.

i) Fermentatie in primaire fermentor bij 18°C (64°F) gedurende de eerste 2 dagen van actieve fermentatie. Verwijder vervolgens alle koeling om uw temperatuur vrij te laten stijgen. Koel het alleen af als het 30°C (86°F) bereikt. Welke temperatuur het ook bereikt, verwarm je gisting om het niet te laten dalen.

j) Het is afgelopen als je drie identieke zwaartekrachtmetingen hebt in 3 dagen. Reken erop dat dit 2-3 weken duurt vanaf het pitchen.

k) Fles, zorg ervoor dat u dit doet zonder zuurstof toe te voegen, met 120 g / 4¼oz witte tafelsuiker om ongeveer

2,7-2,8 volumes CO2 te bereiken. Dit bier zal alleen maar beter worden met de jaren.

## 81.  <u>seizoen</u>

**graan rekening**

- Pilsner Mout, Belgisch 90,9% – 5kg/11lb

- Tarwe, ongemoute 5,5% – 300g/10½oz

- Suiker, wit 3,6% – 200g/7oz

**Hop**

- Saaz (4% AA) Eerste worthop – 30g/1oz

- Saaz (4% AA) Kook 30 minuten – 20g/¾oz

- Saaz (4% AA) Kook 15 minuten – 30g/1oz

**gisten**

- Saison Gist, zoals WLP565, Wyeast 3724 of Danstar Belle Saison

- Champagnegist, gedroogd


ROUTEBESCHRIJVING

a) Bereid je saisongist voor. Reinig en bereid uw brouwapparatuur voor.

b) Breng 24 liter/liter water tot 70°C (158°F). Behandel dit water volgens uw waterrapport.

c) Instampen. Handhaaf een temperatuur van de puree van 64,5 °C (148 °F) gedurende 90 minuten.

d) Pureer – verhoog de graantemperatuur tot 75°C (167°F).

e) Spoel door met 4 liter/liter water van 75°C (167°F) om uw voorkookvolume van niet meer dan 24 liter/liter te bereiken.

f) Voeg je eerste wort Hop en je suiker toe. Kook je wort gedurende 90 minuten.

g) Voeg je smaak Hop toe 30 en 15 minuten voor het einde van de kook.

h) Koel je wort tot 18°C (64°F). Meet je oorspronkelijke zwaartekracht. Liquor terug met sanitair water om je beoogde OG te bereiken.

i) Breng je wort over naar een schone en hygiënische vergister. Belucht je wort en werp je bereide saisongist.

j) Fermentatie in primaire fermentor bij 18°C (64°F) gedurende de eerste 2 dagen van fermentatie. Stop vervolgens met afkoelen om uw temperatuur vrij te laten stijgen. Zodra het zo hoog is als het kan worden, verwarmt u tot 30–32 °C (86–90 °F). Laat de temperatuur niet dalen totdat alle activiteit is afgenomen - meestal ongeveer 7-10 dagen.

k) Zodra je gist is uitgevlokt, breng je je bier over naar een secundaire fermentor en werp je je champagnegist. Laat dit minstens 1 week op de gist zitten, of wanneer je drie identieke zwaartekrachtmetingen hebt gedurende 3 dagen.

## 82. <u>Belgisch sterk gouden bier</u>

**graan rekening**

- Pilsner Mout, Belgisch 83,3% – 5kg/11lb

- Suiker, wit 16,7% – 1kg/2¼lb

**Hop**

- Saaz (4% AA) Eerste worthop – 50g/1¾oz

- Saaz (4% AA) Kook 15 minuten – 25g/7/8oz

- Saaz (4% AA) Kook 1 min – 25g/7/8oz

**Gist**

- Belgian Golden Ale, zoals WLP570

- 1 Ierse mostablet

**ROUTEBESCHRIJVING**

a) Breng 25 liter/liter water tot 69°C (156°F). Behandel dit water volgens uw waterrapport.

b) Instampen. Handhaaf een temperatuur van de puree van 64,5°C (148°F) gedurende 75-90 minuten.

c) Pureer – verhoog de graantemperatuur tot 75°C (167°F).

d) Spoel door met 4 liter/liter water van 75°C (167°F) om uw voorkookvolume van niet meer dan 23 liter/liter te bereiken.

e) Voeg je eerste wort Hop en je suiker toe. Kook je wort gedurende 90 minuten.

f) Voeg 15 en 1 minuut voor het einde van de kook uw aroma Hop toe.

g) Koel je wort tot 18°C (64°F). Meet je oorspronkelijke zwaartekracht. Liquor terug met sanitair water om je beoogde OG te bereiken.

h) Breng je wort over naar een schone en hygiënische vergister. Belucht je wort en pitch je voorbereide gist.

i) Fermentatie in primaire fermentor bij 18°C (64°F) gedurende de eerste 2-3 dagen van actieve fermentatie. Verwijder vervolgens alle koeling om uw temperatuur vrij te laten stijgen. Probeer het niet boven 26°C (79°F) te laten komen. Welke temperatuur het ook bereikt, houd het daar. U wilt 3 dagen identieke zwaartekrachtmetingen.

j) Fles met 140g/5oz witte tafelsuiker om ongeveer 3 volumes $CO_2$ te bereiken.

## 83.   Hefeweizen

**graan rekening**

- Pilsenermout, Duits 50% – 2,2 kg/47/8lb

- Tarwemout, Duits 50% – 2.2kg/47/8lb

**Hop**

- Hallertauer Mittelfrüh (4% AA)

- Eerste worthop – 16g/½oz

- Hallertauer Mittelfrüh (4% AA)

- Kook 15 minuten – 16g/½oz

**Gist**

- Weihenstephaner Weizen Ale,

- WLP300 of Wyeast 3068

- Alternatieven: gedroogde Hefe-gist zoals Mangrove Jacks

- Beierse Tarwe of Safbrew WB-06


**ROUTEBESCHRIJVING**

a) Bereid je gist voor. U wilt slechts tweederde van wat uw gistcalculator zegt te pitchen. Reinig en bereid uw brouwapparatuur voor.

b)  Breng 24 liter/liter water tot 69°C (156°F). Behandel dit water volgens uw waterrapport.

c)  Instampen. Handhaaf een temperatuur van de puree van 65°C (149°F) gedurende 60 minuten.

d)  Pureer – verhoog de graantemperatuur tot 75°C (167°F).

e)  Spoel door met 4 liter/liter water van 75°C (167°F) om uw voorkookvolume van niet meer dan 22 liter/liter te bereiken.

f)  Voeg je eerste worthop toe. Kook je wort 75 minuten. Voeg 15 minuten voor het einde van de kook uw smaak Hop toe.

g)  Koel je wort tot 18°C (64°F). Meet je oorspronkelijke zwaartekracht. Liquor terug met sanitair water om je beoogde OG te bereiken.

h)  Breng je wort over naar een schone en hygiënische vergister. Belucht je wort en pitch je voorbereide gist.

i)  Fermenteer in primaire fermentor bij 18–22 °C (64–72 °F) gedurende 1 week – u wilt 3 dagen constante zwaartekrachtmetingen. Zodra je dit hebt, ga je verder met bottelen.

j)  Fles met 150g/5¼oz witte tafelsuiker om ongeveer 3 volumes $CO_2$ te bereiken. Geniet bij voorkeur binnen 2 maanden.

## 84.  <u>Banoffee weizenbock</u>

# graan rekening

- Tarwemout, Duits 47,6% – 3kg/6½lb

- Maris Otter 23,8% – 1,5 kg/3¼lb

- München Malt 15,9% – 1kg/2¼lb

- Bleke kristalmout 4,8% – 300g/10½oz

- Speciale B Malt 4,8% – 300g/10½oz

- Chocolade Tarwemout 3,2% – 200g/7oz

# Hop

- Hallertauer Mittelfrüh (4% AA)

- Eerste worthop – 30g/1oz

- Hallertauer Mittelfrüh (4% AA)

- Kook 15 minuten – 30g/1oz

# Gist

- Weihenstephaner Weizen Ale,

- WLP300 of Wyeast 3068

- Alternatieven: Gedroogde Hefe-gist zoals Mangrove Jacks

- Beierse Tarwe of Safbrew WB-06

## ROUTEBESCHRIJVING

a) Bereid je gist voor. U wilt het vereiste aantal cellen pitchen, en nog een derde zoveel.

b) Breng 26 liter/liter water tot 70°C (158°F). Behandel dit water volgens uw waterrapport.

c) Instampen. Handhaaf een temperatuur van de puree van 65°C (149°F) gedurende 60 minuten.

d) Pureer – verhoog de graantemperatuur tot 75°C (167°F).

e) Spoel door met 6 liter/liter water van 75°C (167°F) om uw voorkookvolume van niet meer dan 22 liter/liter te bereiken.

f) Voeg je eerste worthop toe. Kook je wort gedurende 60 minuten. Voeg 15 minuten voor het einde van de kook uw smaak Hop toe. VOEG GEEN BINNEN TOE.

g) Koel je wort tot 18°C (64°F). Meet je oorspronkelijke zwaartekracht. Liquor terug met sanitair water om je beoogde OG te bereiken.

h) Breng je wort over naar een schone en hygiënische vergister. Belucht je wort en pitch je voorbereide gist.

i) Fermenteer in primaire fermentor bij 18–22 °C (64–72 °F) gedurende 1 week – of totdat u 3 opeenvolgende dagen identieke zwaartekrachtmetingen heeft. Zodra je dit hebt, ga je verder met bottelen.

## 85. van kölsch

**graan rekening**

- Pilsner Mout, Duits 100% – 4,5 kg/10 lb

**Hop**

- Hallertauer Mittelfrüh (4% AA)

- Eerste worthop – 40g/1½oz

- Hallertauer Mittelfrüh (4% AA)

- Kook 15 minuten – 20g/¾oz

- Hallertauer Mittelfrüh (4% AA)

- Kook 1 min – 40g/1½oz

**Gist**

- Kolsch-gist, WLP029 of Wyeast 2565

- Alternatief: Safale K-97

- 1 Ierse mostablet

- 1 vel bladgelatine, nagisting

**ROUTEBESCHRIJVING**

a) Bereid je gist voor. Je wilt veel pitchen, zelfs iets over. Reinig en bereid uw brouwapparatuur voor.

b) Breng 24 liter/liter water tot 70°C (158°F). Behandel dit water volgens uw waterrapport.

c) Instampen. Handhaaf een temperatuur van de puree van 65°C (149°F) gedurende 60 minuten.

d) Pureer – verhoog de graantemperatuur tot 75°C (167°F).

e) Spoel door met 4 liter/liter water van 75°C (167°F) om uw voorkookvolume van niet meer dan 22 liter/liter te bereiken.

f) Voeg je eerste worthop toe. Kook je wort gedurende 60 minuten. Voeg je smaak Hop toe na 15 minuten en je aroma Hop net voor het uitbranden.

g) Koel je wort tot 18°C (64°F). Meet je oorspronkelijke zwaartekracht. Liquor terug met sanitair water om je beoogde OG te bereiken.

h) Breng je wort over naar een schone en hygiënische vergister. Belucht je wort en pitch je voorbereide gist.

i) Fermenteer in primaire vergister bij 18-20 °C (64-68 °F) gedurende 2 weken, of totdat u 3 opeenvolgende dagen identieke zwaartekrachtmetingen heeft. Je wilt dat deze de eerste 3 dagen niet boven de 20°C (68°F) komt, anders heb je niet zo'n schoon karakter.

j) Los je bladgelatine op in 200ml/7fl oz. kokend water in een sanitaire kan en giet deze vloeistof vervolgens in je bier. Wacht een dag of twee tot het bier helder is.

## 86.  Vlierbloesem pale ale

# INGREDIËNTEN

## graan rekening

- Bleke mout, Maris Otter 90,9% – 4,5 kg/10 lb

- Kristalmout 6,1% – 300g/10½oz

- Suiker, caster 3% – 150g/5¼oz

## Hop

- Chinook (13% AA) Eerste worthop – 20g/¾oz

- Simcoe Kook 15 minuten – 20g/¾oz

- Chinook (13% AA) Aroma Steil – 50g/1¾oz

- Simcoe Aroma Steil – 80g/3oz

- Verse vlierbloesem Aroma steil – 1 liter/kwart kruik verse bloemen, stelen verwijderd

## Gist

- West Coast Ale Gist

- 1 Ierse mostablet

## ROUTEBESCHRIJVING

a) Bereid je gekozen gist voor. Reinig en bereid uw brouwapparatuur voor.

b) Breng 26 liter/liter water tot 71°C (160°F).

c) Pureer. Handhaaf een maischtemperatuur van 66°C (151°F) gedurende 60 minuten.

d) Pureer - verhoog uw graantemperatuur tot 75 °C (167 °F).

e) Spoel door met 5 liter/liter water van 75°C (167°F) om uw voorkookvolume van niet meer dan 25 liter/liter te bereiken.

f) Voeg je eerste worthop toe en kook vervolgens je wort gedurende 60 minuten. Voeg 15 minuten voor het einde van het kookpunt je hoptoevoeging toe. Voeg op dit punt ook uw boetetablet toe.

g) Koel je bier af tot 75-79°C (167-174°F) en voeg je aromahoptoevoeging en je verse vlierbloesem toe. Laat deze 30 minuten trekken op niet hoger dan 79°C (174°F).

h) Koel je wort af tot 18°C (64°F), terugvloeiend met sanitair water om je beoogde oorspronkelijke zwaartekracht te bereiken.

i) Breng je wort over naar een schone en hygiënische vergister. Belucht je wort en pitch je voorbereide gist.

j) Fermentatie in primaire fermentor bij 18-20 ° C (64-68 ° F) gedurende 2 weken. Zorg ervoor dat u drie identieke zwaartekrachtmetingen heeft gedurende 3 dagen.

k) Fles met 110g/37/8oz witte tafelsuiker om 2,4-2,5 volumes $CO_2$ te bereiken.

## 87. Havermout extra pale ale

# INGREDIËNTEN

## graan rekening

- Bleke mout, Maris Otter 80% – 4kg/9lb
- Tarwemout 8% – 400g/14oz
- Haver, gerold 8% – 400g/14oz
- Kristalmout 4% – 200g/7oz

## Hop

- Citra (14,1% AA) Kook 20 minuten – 20g/$\frac{3}{4}$oz
- Amarillo (10,7% AA) Kook 15 minuten – 20g/$\frac{3}{4}$oz
- Citra (14,1% AA) Kook 10 minuten – 20g/$\frac{3}{4}$oz
- Amarillo (10,7% AA) Kook 5 minuten – 20g/$\frac{3}{4}$oz
- Citra (14,1% AA) Aroma Steil – 40g/1$\frac{1}{2}$oz
- Amarillo (10,7% AA) Aroma Steil – 40g/1$\frac{1}{2}$oz
- Citra (14,1% AA) Droge hop – 40g/1$\frac{1}{2}$oz

## Gist

- Dry British Ale Yeast, zoals WLP007 of Mangrove Jacks m07
- 1 Ierse mostablet

# ROUTEBESCHRIJVING

a) Bereid je gekozen gist voor. Reinig en bereid uw brouwapparatuur voor.

b) Breng 26 liter/liter water tot 69,5°C (157°F).

c) Instampen. Handhaaf een temperatuur van de puree van 65°C (149°F) gedurende 60 minuten.

d) Pureer – verhoog uw graantemperatuur tot 75 °C (167 °F).

e) Spoel door met 5 liter/liter water van 75°C (167°F) om uw voorkookvolume van niet meer dan 25 liter/liter te bereiken.

f) Kook je wort gedurende 60 minuten. Voeg je hopburst toe 20, 15, 10 en 5 minuten voor het einde van de kook. Voeg uw klaringstablet toe na 15 minuten.

g) Koel je bier af tot 75-79°C (167-174°F) en voeg je aromahop toe.

h) Laat dit 30 minuten trekken op niet hoger dan 79°C (174°F).

i) Koel je wort af tot 18°C (64°F), terugvloeiend met sanitair water om je beoogde oorspronkelijke zwaartekracht te bereiken.

j) Breng je wort over naar een schone en hygiënische vergister. Belucht je wort en pitch je voorbereide gist.

k) Fermentatie in primaire fermentor bij 18-20 ° C (64-68 ° F) gedurende 2 weken. Zorg ervoor dat je drie identieke zwaartekrachtmetingen hebt gedurende 3 dagen voordat je gaat bottelen

l)  Breng over naar een sanitaire secundaire fermentor en dryhop gedurende drie dagen bij kamertemperatuur.

## 88.  Grote zwarte rogge-PA

# INGREDIËNTEN

## graan rekening

- Bleke mout, Maris Otter 78,4% – 6kg/13lb

- Roggemout 10,5% – 800g/1¾lb

- Kristalmout 3,9% – 300g/10½oz

- Geroosterde Tarwe 3,9% – 300g/10½oz

- Carafa Special III 3,9% – 300g/10½oz

## Hop

- Columbus (CTZ, 14% AA) Eerste worthop – 50g/1¾oz

- Citra (12% AA) Aroma Steil – 50g/1¾oz

- Columbus (CTZ, 14% AA) Aroma steil – 50g/1¾oz

- Simcoe (13% AA) Aroma Steil – 50g/1¾oz

- Amarillo (8,5% AA) Aroma Steil – 100g/3½oz

- Simcoe (13% AA) Droge hop – 50g/1¾oz

- Citra (12% AA) Droge hop – 50g/1¾oz

## Gist

- Dry British Ale Yeast, zoals WLP007 of Mangrove Jacks m07

- 1 Ierse mostablet

## ROUTEBESCHRIJVING

a) Bereid de door jou gekozen gist voor - je hebt er genoeg nodig. Reinig en bereid uw brouwapparatuur voor.

b) Breng 28 liter/liter water tot 70°C (158°F).

c) Instampen. Handhaaf een temperatuur van de puree van 65°C (149°F) gedurende 60 minuten.

d) Pureer – verhoog uw graantemperatuur tot 75 °C (167 °F).

e) Spoel door met 7 liter/liter water van 75°C (167°F) om uw voorkookvolume van niet meer dan 26 liter/liter te bereiken.

f) Voeg je eerste wort Hop toe en kook je wort gedurende 60 minuten. Voeg 15 minuten voor het einde van de kook uw klaringstablet toe.

g) Koel je bier af tot 75-79°C (167-174°F) en voeg je flinke aromahoptoevoeging toe. Laat dit 30 minuten trekken op niet hoger dan 79°C (174°F).

h) Koel je wort af tot 18°C (64°F), terugvloeiend met sanitair water om je beoogde oorspronkelijke zwaartekracht te bereiken.

i) Breng je wort over naar een schone en hygiënische vergister. Belucht je wort en pitch je voorbereide gist.

j) Fermentatie in primaire fermentor bij 18-20 ° C (64-68 ° F) gedurende 2 weken. Zorg ervoor dat u drie identieke zwaartekrachtmetingen heeft gedurende 3 dagen voordat u gaat bottelen.

k) Fles met 110g/37/8oz witte tafelsuiker om 2,4-2,5 volumes $CO_2$ te bereiken.

## 89. <u>Citra burst triple IPA</u>

# INGREDIËNTEN

## graan rekening

- Pilsenermout, Duits 89,9% – 8kg/17½lb
- Suiker, wit 10,1% – 900g/2lb

## Hop

- Citra (12% AA) Kook 15 minuten – 75g/2¾oz
- Citra (12% AA) Kook 10 minuten – 75g/2¾oz
- Citra (12% AA) Kook 5 minuten – 75g/2¾oz
- Citra (12% AA) Aroma Steil – 175g/6oz
- Citra (12% AA) Droge hop – 200g/7oz

## Gist

- West Coast Ale Yeast, zoals US–05, WLP001 Veel ervan
- 1 Ierse mostablet

# ROUTEBESCHRIJVING

a) Bereid je gekozen gist voor. Je zult veel nodig hebben. Reinig en bereid uw brouwapparatuur voor.

b) Breng 29 liter/liter water tot 69°C (156°F).

c) Instampen. Handhaaf een temperatuur van de puree van 64,5°C (148°F) gedurende 75-90 minuten.

d) Pureer – verhoog uw graantemperatuur tot 75 °C (167 °F).

e) Spoel door met 8 liter/liter water van 75°C (167°F) om uw voorkookvolume van niet meer dan 27 liter/liter te bereiken.

f) Kook je wort gedurende 60 minuten. Voeg je hopburst toe 15, 10 en 5 minuten voor het einde van de kook. Voeg uw klaringstablet toe na 15 minuten.

g) Koel je bier af tot 75–79°C (167–174°F) en voeg je enorme aromahoptoevoeging toe. Laat deze 30 minuten trekken op niet hoger dan 79°C (174°F).

h) Koel je wort af tot 18°C (64°F), terugvloeiend met sanitair water om je beoogde oorspronkelijke zwaartekracht te bereiken.

i) Breng je wort over naar een schone en hygiënische vergister. Belucht je wort en pitch je voorbereide gist.

j) Fermentatie in primaire fermentor bij 18-20 ° C (64-68 ° F) gedurende 2-3 weken. Zorg ervoor dat het bier de eerste 3 dagen van activiteit koel blijft. Zorg ervoor dat u drie identieke zwaartekrachtmetingen heeft gedurende 3 dagen.

k) Breng over naar secundaire fermentor en dryhop gedurende 3 dagen.

l) Fles met 110g/37/8oz witte tafelsuiker om 2,4-2,5 volumes CO2 te bereiken.

## 90. Onevenredig gehopt

# INGREDIËNTEN

## graan rekening

- Pilsner Mout, Duits 78% – 3.2kg/7lb
- Haver, gerold 5% – 200g/7oz
- Kristalmout 5% – 200g/7oz
- München Malt 5% – 200g/7oz
- Roggemout 7% – 300g/10$\frac{1}{2}$oz

## Hop

- Centennial (10% AA) Kook 75 minuten – 20g/$\frac{3}{4}$oz
- Centennial (10% AA) Kook 10 minuten – 20g/$\frac{3}{4}$oz
- Amarillo (8,5% AA) Kook 5 minuten – 20g/$\frac{3}{4}$oz
- Amarillo (8,5% AA) Aroma Steil – 60g/2$\frac{1}{8}$oz
- Centennial (10% AA) Aroma Steep – 100g/3$\frac{1}{2}$oz
- Mozaïek (7% AA) Aroma Steil – 100g/3$\frac{1}{2}$oz
- Mozaïek (7% AA) Droge hop – 100g/3$\frac{1}{2}$oz

## Gist

- Engelse Ale Gist. Opties zijn onder meer White Labs WLP002, Wyeast 1968 of Safale S-04

- 1 Ierse mostablet

## ROUTEBESCHRIJVING

a) Bereid je gekozen gist voor. Reinig en bereid uw brouwapparatuur voor.

b) Breng 25 liter/liter water tot 71°C (160°F).

c) Instampen. Handhaaf een temperatuur van de puree van 66,5°C (151°F) gedurende 60 minuten.

d) Pureer – verhoog uw graantemperatuur tot 75 °C (167 °F).

e) Spoel door met 4 liter/liter water van 75°C (167°F) om uw voorkookvolume van niet meer dan 25 liter/liter te bereiken.

f) Voeg je eerste wort Hop toe en kook je wort gedurende 75 minuten. Voeg uw klaringstablet en koeler toe na 15 minuten. Voeg je hoptoevoegingen toe na 10 en 5 minuten.

g) Koel je bier af tot 75-79°C (167-174°F) en voeg je aromahop toe.

h) Laat dit 30 minuten trekken op niet hoger dan 79°C (174°F).

i) Koel je wort af tot 18°C (64°F), terugvloeiend met sanitair water om je beoogde oorspronkelijke zwaartekracht te bereiken.

j) Breng je wort over naar een schone en hygiënische vergister. Belucht je wort en pitch je voorbereide gist.

k) Fermentatie in primaire fermentor bij 18-20 ° C (64-68 ° F) gedurende 2 weken. Zorg ervoor dat u drie identieke zwaartekrachtmetingen heeft gedurende 3 dagen.

l) Breng over naar een sanitaire secundaire fermentor en dryhop gedurende 3 dagen.

m) Fles met 120g/4¼oz witte tafelsuiker om 2,5-2,7 volumes $CO_2$ te bereiken.

# KOMBUCHA

## 91.  Kersen faux frisdrank

## INGREDIËNTEN

- 14 kopjes zwarte thee kombucha, verdeeld

- 32 ons zoete kersen, ontpit


## ROUTEBESCHRIJVING

a) Pureer de kersen in een keukenmachine of blender samen met ongeveer 1 kopje kombucha tot ze vloeibaar zijn.

b) Voeg de puree en de resterende kombucha toe aan een glazen pot van 1 gallon en sluit deze af met een schone witte doek die is vastgezet met een rubberen band. Laat de pot minstens 12 uur en niet meer dan 24 uur op het aanrecht staan op een warme plaats, rond de 72 ° F. Hoe langer het trekt, hoe sterker de kersensmaak zal worden.

c) Giet de kombucha door een gaaszeef over een grote pot of pot om eventuele vaste stoffen te verwijderen.

d) Giet de kombucha met behulp van een trechter in flessen en sluit ze goed af. Plaats de flessen op een warme plaats, ongeveer 72 ° F, om 48 uur te fermenteren.

e) Koel 1 fles gedurende 6 uur, tot het goed is afgekoeld.

f) Zodra uw gewenste bruisen en zoetheid zijn bereikt, zet u alle flessen in de koelkast om de gisting te stoppen.

## 92.  Blackberry zinger

MAAKT 1 GALLON

## INGREDIËNTEN

- 2 kopjes bramen

- 4 ons vers geperst limoensap

- 14 kopjes zwarte thee kombucha

## ROUTEBESCHRIJVING

a) Gebruik een grote lepel of aardappelstamper in een grote kom om de bramen te pureren en hun sappen te laten ontsnappen.

b) Breng de bessen over in een fermentatievat ter grootte van een gallon en voeg het limoensap toe.

c) Vul de rest van het vat met de zwarte thee kombucha.

d) Bedek de pot met een schone witte doek en zet hem vast met een rubberen band. Laat de pot 2 dagen fermenteren op een warme plaats, tussen 68°F en 72°F.

e) Zeef het mengsel na 48 uur om de bramenzaadjes te verwijderen.

f) Giet het mengsel met behulp van een trechter in flessen en sluit ze goed af.

g) Laat de flessen op een warme plaats, ongeveer 72 ° F, nog 2 dagen fermenteren.

h) Koel 1 fles gedurende 6 uur, tot het goed is afgekoeld.

## 93. Granaatappel kombucha

MAAKT 1 GALLON

INGREDIËNTEN

- 14 kopjes water, verdeeld
- 4 zwarte theezakjes
- 4 groene theezakjes
- 1 kop suiker
- 1 SCOBY
- 2 kopjes starterthee
- 1 kopje granaatappelsap, verdeeld
- 2 theelepels vers geperst citroensap, verdeeld
- 4 plakjes verse gember, verdeeld

ROUTEBESCHRIJVING

a) Verwarm in een grote pan 4 kopjes water tot 212°F op middelhoog vuur en haal de pan dan onmiddellijk van het vuur.

b) Voeg de zwarte en groene theezakjes toe, één keer roeren. Dek de pan af en laat de thee 10 minuten trekken.

c) Verwijder de theezakjes. Voeg de suiker toe en roer tot alle suiker is opgelost.

d) Giet de resterende 10 kopjes water in de pan om de thee af te koelen. Controleer de temperatuur om er zeker van te zijn dat deze lager is dan 85 ° F voordat u verder gaat.

e) Giet de thee in een pot van 1 gallon.

f) Was en spoel je handen grondig, leg de SCOBY op het oppervlak van de thee en voeg de starterthee toe aan de pot.

g) Bedek de opening van de pot met een schone witte doek en zet hem vast met een rubberen band. Laat de pot op een warme plaats, rond 72 ° F, 7 dagen fermenteren.

h) Proef na 7 dagen de kombucha. Als het te zoet is, laat het dan nog een dag of twee fermenteren. Zodra de kombucha goed voor u smaakt, verwijdert u de SCOBY en bewaart u deze voor toekomstig gebruik (zie hier).

i) Bewaar 2 kopjes kombucha voor je volgende batch voordat je de rest van de kombucha op smaak brengt.

## 94. Bosbessen-gember kombucha

MAAKT 1 GALLON

## INGREDIËNTEN

- 2 kopjes bosbessen

- kopje gekonfijte gember, gehakt

- 14 kopjes oolong thee kombucha

## ROUTEBESCHRIJVING

a) Gebruik een grote lepel of aardappelstamper in een grote kom om de bosbessen te pureren en hun sappen vrij te geven.

b) Breng de bessen over in een fermentatievat ter grootte van een gallon en voeg de gekonfijte gember en oolongthee kombucha toe.

c) Dek de pot af met een schone witte doek en zet hem vast met een rubberen band. Laat de pot 2 dagen fermenteren op een warme plaats, tussen 68°F en 72°F.

d) Zeef het mengsel na 48 uur om de stukjes bosbes en gember te verwijderen.

e) Giet de kombucha met behulp van een trechter in de flessen en sluit ze goed af.

f) Plaats de flessen op een warme plaats, ongeveer 72 ° F, om 48 uur te fermenteren.

g) Koel 1 fles gedurende 6 uur, tot het goed is afgekoeld. Open de fles (boven de gootsteen) en proef de kombucha.

## 95.  Peach blush kombucha

MAAKT 1 GALLON

## INGREDIËNTEN

- 2 kopjes in blokjes gesneden perziken

- 4 ons aardbeien

- 2 ons vers geperst citroensap

- Gemberknop van 1 inch

- 14 kopjes groene thee kombucha

## ROUTEBESCHRIJVING

a) Pureer de perziken, aardbeien, citroensap en gember in een keukenmachine of blender.

b) Breng het mengsel over in een fermentatievat ter grootte van een gallon en voeg de kombucha met groene thee toe.

c) Dek de pot af met een schone witte doek en zet hem vast met een rubberen band. Laat de pot 2 dagen fermenteren op een warme plaats, tussen 68°F en 72°F.

d) Zeef het mengsel over een grote pot of pot om de stukjes fruit te verwijderen.

e) Giet het mengsel met behulp van een trechter in flessen en sluit elke fles goed af.

f) Plaats de flessen op een warme plaats, ongeveer 72 ° F, om 48 uur te fermenteren.

g) Koel 1 fles gedurende 6 uur, tot het goed is afgekoeld.

h) Open de fles (boven de gootsteen) en proef de kombucha. Als het naar tevredenheid bubbelt, zet dan alle flessen in de koelkast en serveer ze eenmaal gekoeld. Als het er nog niet is, laat de ongeopende flessen dan nog een dag of twee staan en probeer het opnieuw. Zodra uw gewenste bruisen en zoetheid zijn bereikt, zet u alle flessen in de koelkast om de gisting te stoppen.

## 96.  Muntkombucha

MAAKT 1 GALLON

## INGREDIËNTEN

- kopje verse munt, grof gehakt
- 16 kopjes zwarte thee kombucha

## ROUTEBESCHRIJVING

a) Verdeel de munt over je flessen van 16 ounce.

b) Giet de kombucha met behulp van een trechter in de flessen en sluit ze goed af.

c) Laat de flessen op het aanrecht staan op een warme plaats, ongeveer 72 ° F, om 48 uur te fermenteren.

d) Koel 1 fles gedurende 6 uur, tot het goed is afgekoeld. Open de fles (boven de gootsteen) en proef je kombucha. Als het naar tevredenheid bubbelt, zet dan alle flessen in de koelkast en serveer ze eenmaal gekoeld.

## 97. Kamille-citroen kombucha

# MAAKT 1 GALLON

## INGREDIËNTEN

- 4 theelepels gedroogde kamillebloemen

- 6 ons vers geperst citroensap

- $15\frac{1}{4}$ kopjes groene thee kombucha

## ROUTEBESCHRIJVING

a) Verdeel de kamille over de flessen en voeg ongeveer $\frac{1}{2}$ theelepel per fles van 16 ounce toe.

b) Verdeel het citroensap over de flessen en voeg ongeveer 1 eetlepel per fles van 16 ounce toe.

c) Vul elke fles met behulp van een trechter met de groene thee-kombucha, laat ongeveer 2,5 cm vrije ruimte in elke flessenhals.

d) Laat de flessen op het aanrecht staan op een warme plaats, ongeveer 72 ° F, om 48 uur te fermenteren.

e) Koel 1 fles gedurende 6 uur, tot het goed is afgekoeld. Open de fles (boven de gootsteen) en proef je kombucha.

## 98. Watermeloen-jalapeño kombucha

MAAKT 1 GALLON

## INGREDIËNTEN

- 2 jalapeño pepers, zonder steel en in de lengte gehalveerd
- 4 kopjes in blokjes gesneden watermeloen
- 14 kopjes groene thee kombucha

## ROUTEBESCHRIJVING

a) Verwijder de jalapeño-zaden, tenzij je meer warmte wilt.

b) Pureer de watermeloen in een blender of keukenmachine.

c) Plaats een fijnmazige zeef over een fermentatievat ter grootte van een gallon. Giet de puree in de zeef totdat al het vrijlopende sap is weggelopen, gebruik een lepel om overtollig sap uit de puree te duwen.

d) Gooi de puree weg en voeg de stukjes jalapeño toe aan het watermeloensap.

e) Voeg de kombucha toe aan de pot en zet deze met een schone witte doek vast met een rubberen band.

f) Laat de pot op een warme plaats, tussen 68 °F en 72 °F, 2 dagen fermenteren.

g) Zeef het mengsel om de jalapeño te verwijderen.

h) Giet het mengsel met behulp van een trechter in flessen en sluit ze goed af.

i) Laat de flessen op een warme plaats, ongeveer 72 ° F, 48 uur fermenteren.

j) Koel 1 fles gedurende 6 uur, tot het goed is afgekoeld.

## 99. Scherpe citrus-rozemarijn kombucha

MAAKT 1 GALLON

INGREDIËNTEN

- 4 kopjes water

- 4 groene theezakjes

- $\frac{1}{2}$ kopje pure rietsuiker

- 2 eetlepels fijngehakte verse rozemarijn

- 2 grapefruits, gehalveerd

- 12 kopjes groene thee kombucha

ROUTEBESCHRIJVING

a) Breng het water in een kleine pan bijna aan de kook. Zet het vuur uit.

b) Voeg de theezakjes toe en laat ze afgedekt ongeveer 8 minuten trekken.

c) Verwijder de theezakjes en druk ze met de achterkant van een lepel tegen de zijkant van de pot om er zoveel mogelijk thee uit te trekken.

d) Voeg de suiker toe aan de thee en roer tot de suiker is opgelost, voeg dan de rozemarijn toe aan de thee.

e) Plaats een gaaszeef over de pot en knijp in elke grapefruithelft om het sap te extraheren, waarbij eventuele zaadjes in de zeef worden opgevangen.

f) Verwijder het vruchtvlees van een grapefruithelft, snijd deze in fijne blokjes en voeg deze toe aan de thee. Laat het mengsel afkoelen tot kamertemperatuur.

g) Meng in een grote kan of kom het mengsel van groene thee en pulp met de kombucha.

h) Giet het mengsel met behulp van een trechter in flessen en sluit elke fles goed af.

i) Laat de flessen op het aanrecht staan op een warme plaats, ongeveer 72 ° F, om 48 uur te fermenteren.

j) Koel 1 fles gedurende 6 uur, tot het goed is afgekoeld.

# 100. Met vlierbessen gekruide kombucha

MAAKT 1 GALLON

## INGREDIËNTEN

- Gemberknop van 1 inch

- ⅓kopje vlierbessen ¼ kopje rozenbottels

- 15 kopjes zwarte thee kombucha

## ROUTEBESCHRIJVING

a) Snijd de gember in dunne, gelijkmatige reepjes zodat elke fles minstens 1 stuk heeft.

b) Verdeel de vlierbessen, rozenbottels en gemberreepjes over de flessen.

c) Vul elke fles met behulp van een trechter met de kombucha en laat een vrije ruimte van 1 inch in elke flessenhals.

d) Plaats de flessen op een warme plaats, ongeveer 72 ° F, om 48 uur te fermenteren.

e) Koel 1 fles gedurende 6 uur, tot het goed is afgekoeld. 6. Gebruik voor het serveren een gaaszeef om de aromaten te verwijderen wanneer u de kombucha in een glas giet.

# CONCLUSIE

Nu ken je het basisproces om thuis je eigen bier te brouwen. Naarmate je meer ervaring en zelfvertrouwen opdoet, kun je werken aan meer rimpels, zoals het gebruik van gips om je brouwwater te harden of door Iers mos aan je kookpunt toe te voegen om het bier helderder te maken.

Dat is alles wat er is om je eigen bier te maken. Nadat je het bier hebt laten rijpen, is het tijd om het te delen met vrienden en familie!